JORNADAS 130

EL COLEGIO DE MÉXICO

CENTRO DE ESTUDIOS LINGÜÍSTICOS Y LITERARIOS

Raúl Ávila

ESTUDIOS DE SEMÁNTICA SOCIAL

JORNADAS 130
EL COLEGIO DE MÉXICO

412
A958e

Ávila, Raúl
    Estudios de semántica social / Raúl Ávila. --
México: El Colegio de México, Centro de Estudios
Lingüísticos y Literarios, 1999.
    219 p. ; 11 cm. -- (Jornadas ; 130)

    ISBN 968-12-0873-0

    1. Semántica. 2. Castellano en México.
3. Sociolingüística.

Portada de Irma Eugenia Alva Valencia

Primera edición, 1999
© D.R. El Colegio de México
      Camino al Ajusco 20
      Pedregal de Santa Teresa
      10740 México, D.F.
ISBN 968-12-0873-0 (versión original)
      978-968-120-873-8 (versión facsimilar)

Impreso en México / *Printed in Mexico*

ÍNDICE

PREFACIO

Los aspectos semánticos del lenguaje han sido los menos favorecidos por las visiones sociolingüísticas. Esto implica una limitación importante en la historia de una disciplina que, por una parte, apuesta por el estudio empírico de la cotidianeidad como recurso para penetrar en los mecanismos recónditos del habla; y, por otra, se apoya en la crónica de los episodios más íntimos —nacimientos y vejámenes, opresiones y estigmas— para dar cuerpo a la historia lingüística de los hablantes y de sus lenguas.

Para abordar el problema de lo cotidiano —lo diario, lo que es sin que lo advirtamos—, los estudios contenidos en este libro regresan, creo yo, a una de las mejores tradiciones dialectológicas: al método de palabras y cosas. La lengua es un instrumento que me permite nombrar las cosas que toco, que miro, que huelo, que escucho; los aperos con que labro, las fiestas y las despedidas, y la comida de todos los días; lo que imagino y lo que deseo, las proposiciones de mi conciencia y mis angustias, verdaderas o supuestas. Todo esto podría resumirse así: de lo que no sé, no hablo o, en otras palabras, de lo que no se puede hablar, lo mejor es callar. Pero si este libro es, por una parte, heredero del añejo método, por otra lo reformula, lo amplía y lo fundamenta hasta límites insospechados por sus creadores, pues no se limita a las cosas concretas, sino que penetra en los referentes abstractos. Hay además otra diferencia esencial: Ávila no propone a los hablantes lo que deben nombrar, sino que se sustenta en lo que ellos dijeron.

Es inmediata la vinculación entre los trabajos léxicos contenidos en este volumen y otros que ha publicado Ávila fuera de este espacio. El análisis de los datos concretos descansa en un arco de claves o hipótesis, que son ellas mismas a la vez el objeto último de estudio. Dada su importancia, conviene comentarlas, así sea brevemente.

El primer párrafo del primer capítulo del libro expresa apretadamente buena parte de las hipótesis. La más general es que el léxico es un acervo que se incrementa a lo largo de toda la vida. Si es un acervo, ¿en qué sentido lo es? ¿A qué se parece más, a un depósito o a una buena biblioteca, cuáles son las relaciones que agrupan las piezas léxicas? Y si aumenta a lo largo de toda la vida, ¿cuáles son las etapas críticas en que el aumento es más notorio, cuándo el proceso es, por decirlo de alguna manera, natural, y cuándo necesitamos redoblar el esfuerzo? Ávila ofrecerá una respuesta en "Lengua hablada y estrato social…" Sin embargo, cuando hablamos de adquirir palabras, ¿podemos decirlo en el mismo sentido en que empleamos el concepto cuando hablamos de los sonidos o de la gramática? ¿Perdemos palabras además de ganarlas? ¿Cómo se dan esos movimientos, aisladamente o en bloques que se desgajan o se asimilan? Uno de los requisitos para poder empezar a responder a preguntas de este tipo es disponer de grandes dosis de investigación empírica, pues incluso la sola descripción de las etapas pertinentes consume enormes cantidades de datos. Por eso, de entrada, este aspecto surge como una de las enseñanzas más importantes del libro.

La segunda hipótesis general es que las palabras son al mismo tiempo portadoras y generadoras de conocimiento. De ahí se deduce que a más vocabulario, más posibilidades de comprender, de expresarse, de tener un universo conceptual y una cultura mayores. Aunque puede ser un punto de partida razonable —pues cuantas más palabras ignoremos de un párrafo, más difícil nos será establecer su sentido—, el conocimiento lingüístico no se agota ahí. Además de contar con un acervo conceptual extenso, necesitamos saber usarlo dentro de una gramática y dentro de un texto determinado.

Por eso algunos de los resultados más sorprendentes mostrados en este libro tienen que ver con las abruptas diferencias léxicas y semánticas entre grupos sociales. Las que existen entre el estrato bajo y el estrato alto —como las mostradas en las tablas que comienzan en las páginas 78 y 114— plantean inquietantes cuestiones. ¿Diferencias cognoscitivas, sociales, referenciales? ¿Condiciones creadas por las propias encuestas? Con seguridad, establecer las causas últimas necesitará de experimentos adicionales. Pero la interpretación más atinada que los datos sugieren por el momento es la social. Si partimos de la idea de que no hay intercambios verbales gratuitos, ni en las conversaciones cotidianas ni mucho menos en una encuesta lingüística, las palabras y las cosas diferenciales surgen donde la transacción justifica el interés compartido. ¿Por qué las personas del estrato bajo hablan de *chiles, tortillas* y *kilos*? ¿Y por qué en el estrato alto se habla de *cultura, valores* y *educación*? Porque eso era lo pertinente en el momento, y por eso la naturaleza del dato que presenta Ávila es social.

Estudios de semántica social no sólo es un libro construido sobre una abrumadora base factual y lleno de interpretaciones sugerentes. Es también un libro muy bien escrito, plástico en sus ejemplos y flexible en el estilo, revelador siempre del vivo ingenio que lo alienta. Su lectura es imprescindible para cualquiera que se interese seriamente en los problemas, postulados, ambiciones y límites de una verdadera sociolingüística.

PEDRO MARTÍN BUTRAGUEÑO
El Colegio de México

PRESENTACIÓN

En este libro he incluido cinco investigaciones relacionadas con la variación léxica y conceptual que se puede observar en la comparación de diferentes estratos sociales en México. Frente a otro tipo de variantes, como las fonéticas, las diferencias que estudio son poco notables y, sin embargo, tienen mayores consecuencias. No cabe duda de que un mayor acervo conceptual da mayores posibilidades de comprender el mundo y, en dado caso, de modificarlo. Por eso he buscado ubicar este tipo de problemas —o más objetivamente, de características— en relación con la estratificación social.

México es un país con diferencias económicas bastante notables. Los intereses de la gente se relacionan con este hecho. Mientras algunos están preocupados por el alimento y el vestido, otros discuten sobre valores o ideas. Además, dado que en ciertos ambientes —sobre todo urbanos— se requiere un mayor uso del lenguaje, quienes tienen este tipo de necesidades requieren un acervo léxico más extenso. En relación con esto, mis investigaciones me permiten decir que en México la riqueza conceptual está tan mal distribuida como la económica. Hay algo más: la mala distribución conceptual no se nota, y por eso no se enfrenta ni se discute. Ese es uno de mis propósitos: mostrar el problema.

Por otra parte —y lo digo por si acaso alguien no pasa de esta presentación— la mayor riqueza conceptual no asegura una mejor comunicación. Por el contrario, puede darse el caso de que quienes tienen muchos recursos léxicos los utilicen para manipular o confundir. Frente a esto, quien tiene menos recursos los puede utilizar con mayor eficacia, de acuerdo con la situación en la que se dé el intercambio lingüístico.

El hecho de que no se hayan utilizado cuestionarios y de que las entrevistas hayan sido abiertas —el tema era libre— asegura una mayor espontaneidad del *corpus* que se recogió. Por eso los artículos sobre semántica social muestran —así lo considero— una especie de perfil conceptual del mexicano, a partir de las palabras que se usaron más frecuentemente en cada estrato. El lector podrá constatarlo si ve las listas de vocablos que aparecen en mis investigaciones. A partir de ellas, podrá —sin duda— identificar su propio estrato social y el de los otros, el de los diferentes.

Sobre esta edición

Los artículos que aquí se incluyen fueron publicados previamente en diferentes revistas (los datos de su procedencia aparecen más adelante). Considero útil que el lector los tenga juntos en este libro para que pueda formarse una visión de conjunto de los temas que en ellos se tratan. Su unidad se apoya en el hecho de que se basan, las cuatro primeras, en un mismo *corpus*. En la última investigación utilizo un *corpus* diferente, el del habla de la ciudad de México, pero empleo procedimientos de análisis semejantes a los de las anteriores. La incluí por ese motivo y porque, además, permite comparar los resultados con los que obtuve para todo el país.

En las dos primeras investigaciones ofrezco resultados estadísticos en relación con los aspectos formales del vocabulario. En las tres siguientes, relacionadas con semántica social, desarrollo un método de análisis de las diferencias conceptuales entre los estratos. No obstante, el procedimiento —como era de esperarse— se fue decantando y precisando a lo largo de las tres investigaciones.

Por otra parte, el hecho de que estos artículos se hayan publicado separadamente tiene una ventaja para el lector: los puede leer de manera independiente, pues son autosuficientes. Cada uno de ellos se mantiene básicamente como fue publicado, de acuerdo con el estilo que se pedía en cada revista. Aparte de esto, hice una revisión cuidadosa de todos los textos, para evitar las viejas erratas —y seguramente para incluir algunas nuevas. Además, añadí algunos comentarios aclaratorios, en notas o en el texto, cuando lo consideré necesario. Por otra parte, todas las referencias entre los cinco artículos remiten a las páginas correspondientes a este libro.

R. A.

Procedencia de los artículos publicados en este libro

Lengua hablada y estrato social: un acercamiento lexico-estadístico: *Nueva Revista de Filología Hispánica*, México, 36 (1988), pp. 131-148 (*NRFH*).

Las palabras de todos y las de cada uno: un análisis estadístico del español hablado en México: *Estudios de Lingüística de España y México*, eds. V. Demonte y B. Garza Cuarón; Universidad Nacional Autónoma de México — El Colegio de México (México, 1990) pp. 335-349.

Sobre semántica social: conceptos y estratos en el español de México: *Estudios Sociológicos*, México, 9 (1991), pp. 279-314.

Sociosemántica: referentes verbales y estratificación social en el español de México: *Zeitschrift für romanische Philologie*, Tübingen, 113 (1997), pp. 208-242. [Entregado en 1993].

Sociosemántica: referentes sustantivos y verbales en el habla culta y popular de la ciudad de México: *Nueva Revista de Filología Hispánica*, 42 (1994), pp. 415-458.

LENGUA HABLADA Y ESTRATO SOCIAL: UN ACERCAMIENTO LEXICOESTADÍSTICO

Introducción

El léxico es un acervo que normalmente se incrementa a lo largo de toda la vida de un individuo. Un vocabulario extenso supone —así sea potencialmente, sin considerar entre otros factores los de orden psicológico y social y la capacidad para usarlo eficientemente— una posibilidad mayor para comprender y expresarse. En otros términos, un vocabulario más rico implica un universo conceptual mayor y, en este sentido, una mayor cultura —sin discriminación de la comunidad que la produzca— en la medida en que las palabras son portadoras de conocimientos y los generan.

A partir de lo anterior y del interés que pueda tener la evaluación estadística del vocabulario de la lengua hablada, en esta investigación exploro algunas posibilidades para determinar cuantitativamente el léxico del español hablado en México por varios grupos sociales. Me propongo establecer las diferencias entre ellos con base en tres índices a los cuales me referiré *in extenso* más adelante. Para esto me apoyo en un *corpus* léxico que se recogió de grabaciones realizadas en todo el país con informantes de uno y otro sexo, de distinta edad y condición social, y nativos de diversas localidades.

Textos y corpus *léxico*

El léxico se obtuvo de 205 textos que fueron seleccionados por el grupo de investigadores del Diccionario del Español de México tomando como fuente otras tantas entrevistas grabadas que se hicieron para el proyecto de delimitación de las zonas dialectales del país[1] y para el estudio del habla de la ciudad de México[2]. Los textos fueron posteriormente procesados por computadora[3] e incorporados al *corpus* del DEM[4]. Más adelante, tras revisar el *corpus* mencionado en los archivos de computadora, seleccioné del mismo los textos que forman la base y la unidad estadística de mi investigación[5].

[1] Las entrevistas fueron realizadas por el Seminario de Dialectología del Centro de Estudios Lingüísticos y Literarios de El Colegio de México. Cf., para esto, J. M. Lope Blanch, "Las zonas dialectales de México: proyecto de delimitación", *NRFH* 19 (1970), pp. 1-11.

[2] Fueron hechas por el Centro de Lingüística Hispánica de la Universidad Nacional Autónoma de México y se publicaron en *El habla de la ciudad de México. Materiales para su estudio*, México, 1971.

[3] El trabajo de computación para mi investigación se llevó a cabo en el Centro de Procesamiento de Datos Arturo Rosenblueth de la Secretaría de Educación Pública. Para la delimitación, la revisión y el análisis de mi *corpus* conté con la ayuda del Alejandro Medel y Héctor Vázquez, de la institución mencionada. También recibí el apoyo técnico y la asesoría de la Unidad de Cómputo de El Colegio de México.

[4] Véase, para esto, L. F. Lara y R. Ham Chande, "Base estadística del Diccionario del Español de México" [DEM], en L. F. Lara, R. Ham Chande e I. García Hidalgo, *Investigaciones lingüísticas en lexicografía* (México, 1979), pp. 27 *ss*. Tomé también los informantes de cultura media y baja del *corpus* del DEM. Como señalan Lara y Ham Chande (p. 31), su unidad de muestreo seleccionada aleatoriamente es "el párrafo, y un texto tendrá tantos párrafos como se necesite para alcanzar la extensión de aproximadamente 2 000 ocurrencias". El art. cit. apareció originalmente en *NRFH*, 23 (1974), pp. 245-267.

[5] Tras formar el archivo mediante la selección de textos exclusiva-

Como puede verse en la tabla 1, las entrevistas fueron realizadas en su mayor parte con un solo informante (80.5%); hubo también un buen número de ellas con dos (19%) y una sola con tres personas (0.5%). En cuanto al sexo de los participantes, si se consideran los textos que fueron producidos por una o dos personas del mismo sexo, hubo un porcentaje bastante similar de hombres (45.9%) y de mujeres (47.3%). Fueron menos (6.8%) las entrevistas en las que participaron dos o tres informantes de distinto sexo.

Tabla 1

Número y sexo de los informantes

| Número | Sexo | | | |
de infs.	Masc.	Fem.	M y F*	Total
uno	83	82		165
dos	11	15	13	39
tres			1	1
Total	94	97	14	205

* Entrevistas con informantes de distinto sexo.

---

mente de lengua hablada, se revisaron los datos procesados por computadora y se reclasificaron los informantes de acuerdo con las características que menciono *infra*. Se recogió el texto completo —alrededor de 2 000 palabras, como indiqué en la n. anterior— de cada una de las entrevistas. Cabe destacar, por otra parte, que los textos del DEM fueron codificados, en este caso, por entrevista y no se delimitaron las intervenciones de cada uno de los informantes. Por ese motivo, cuando me refiero a informantes debe entenderse que los considero unitariamente por cada texto para fines estadísticos.

En lo referente al estrato social o nivel cultural[6] de los informantes (tabla 2), los porcentajes fueron, para el nivel alto, 22.9%; para el medio, 31.7%; y para el bajo, 45.4%. Con los datos recogidos en las entrevistas organicé siete grupos, de acuerdo con la edad de los participantes, con la finalidad de advertir cómo estaba constituida la muestra en relación con esta variable[7]. Porcentualmente, los grupos de edad van desde un mínimo de 3.4% para el grupo de 70 o más años hasta un máximo de 21.9% para el grupo de 22 a 29 años. La zona —última variable de la muestra— incluyó, por una parte, la ciudad de México (43.4%) y por otra, las entrevistas hechas en diferentes localidades del país (56.6%)[8].

[6] El nivel cultural fue determinado a partir de características tales como la escolaridad y la ocupación. Utilizo tanto esa expresión —empleada por quienes diseñaron las investigaciones originales— como *estrato* o *nivel social* con el mismo sentido. Personalmente realicé algunas grabaciones de entrevistas para el *Atlas Lingüístico de México*. Cf. nn. 1 y 2 para referencias bibliográficas.

[7] Para las entrevistas en las que intervenían dos o más informantes consideré la edad promedio de los mismos. En ningún caso la diferencia de edad de los participantes fue de más de diez años.

[8] Las localidades se distribuyeron prácticamente por todos los estados de la república, de acuerdo con una delimitación provisional de las zonas dialectales de México que propuso J. M. Lope Blanch en su art. "El léxico de la zona maya en el marco de la dialectología mexicana", *NRFH*, 20 (1971), mapa 27 y pp. 55 *ss.* Esta delimitación fue tomada en cuenta por quienes determinaron las fuentes —en este caso de lengua hablada— del DEM. Las zonas y las localidades aparecen descritas en el documento de uso interno *Manual de información para los miembros del Consejo Consultivo del DEM.* Decidí, de acuerdo con mis fines, oponer únicamente dos zonas —la ciudad de México y la provincia— porque las entrevistas que se hicieron en el interior del país y con las cuales se formó el archivo computado iban desde un mínimo de 4 hasta un máximo de 9 por localidad. Ese número de datos resulta normalmente insuficiente para obtener resultados estadísticos confiables.

Tabla 2
Edad y nivel cultural de los informantes

	Edad en años							
Nivel	17-21	22-29	30-39	40-49	50-59	60-69	70-	Total
Alto	0	10	8	14	7	4	4	47
Medio	13	16	14	12	6	4	0	65
Bajo	12	19	21	17	15	6	3	93
Total	25	45	43	43	28	14	7	205

Nota: En los casos de dos o tres informantes se obtuvo la edad promedio.

Del total de los textos procesados por computadora se formó un *corpus* de 428 899 palabras-ocurrencia o palabras gráficas, excluyendo los nombres propios y los números escritos con guarismos, los cuales no fueron registrados en los datos estadísticos que ofrezco más adelante[9]. De ese *corpus* se obtuvo, de nuevo mediante un programa de cómputo, un total de 23 504 palabras diferentes o *tipos* léxicos[10]. Más adelante, después de revisar

[9] La extensión de mi *corpus* resulta bastante adecuada para los fines que persigo, si se compara con el que emplearon A. Juilland y E. Chang-Rodríguez. Su *Frequency dictionary of Spanish words*, de acuerdo con la descripción de William Taylor Patterson, *The lexical structure of Spanish, with special consideration for the genealogical and chronological properties*, Ph. D. Diss., Stanford University, 1967, p. 3, "consists of the 5 000 most frequently used words in a scientifically selected corpus of 500 000 words. These 5 000 basic words account for 97% of the occurrences of any representative text of the Spanish language". V. *infra* (tabla 6) el número de vocablos que obtuve para los últimos dos deciles (90 y 100%) de mi *corpus*.

[10] La delimitación del conjunto de textos de lengua hablada y la determinación de los tipos fueron hechas también en el Centro de Procesamiento de Datos Arturo Rosenblueth. Los programas correspondientes fueron diseñados asimismo por A. Medel y H. Vázquez.

la lista de tipos, los asociamos a los vocablos correspondientes[11] y, tras ser procesada esta información electróni-
camente, se obtuvo un total de 9309 vocablos.

Índices de riqueza léxica

Es evidente que la cantidad de vocablos o de tipos que se
obtengan de un texto estará en relación con la extensión
del mismo[12]. De acuerdo con lo anterior, se puede inferir
que si un texto de extensión menor produce un mayor número de unidades léxicas que otro de extensión mayor, el
primero tiene mayor riqueza que el segundo[13]. Esto sucede si se comparan los vocablos que obtuve para los niveles medio y bajo, donde el primero resulta más rico pues
tuvo un mayor número de vocablos con un conjunto de
textos de extensión menor que el segundo. En cambio, no
se puede llegar a una conclusión segura cuando se com-

[11] La asociación se hizo en forma manual, de acuerdo con los criterios que se deducen del *Diccionario de la lengua española* de la Real
Academia Española, 20ª ed, Madrid, 1984. Dado que no nos fue posible
recurrir a contextos, en los casos de homonimias que pudimos detectar
optamos por asignar vocablos diferentes al mismo tipo léxico. Para toda
esta labor conté con la ayuda de Sara Giambruno, del Centro de Estudios
Lingüísticos y Literarios de El Colegio de México.

[12] Cf. Pierre Guiraud, *Problèmes et méthodes de la statistique linguistique*, Paris, 1960, p. 84: "plus un texte est long plus il comporte de
mots différents". V. tb. Charles Muller, *Estadística lingüística*, trad.
de A. Quilis, Madrid, 1973, p. 267 *ss.*

[13] Para decirlo en términos de Muller (*op. cit.*, p. 270), "se puede sis-
tematizar este método de comparación, considerando dos textos A y B,
llamando Na, Nb sus extensiones respectivas, Va, Vb la extensión de sus
vocabularios. Se puede decir que el vocabulario de A es más rico que el
de B si se tiene:
bien $Na \leq Nb$ y $Va > Vb$
bien $Na < Nb$ y $Va = Vb$".

para un conjunto de textos de menor longitud con otro de mayor tamaño y el primero tiene un menor número de vocablos que el segundo, como ocurre con los que se recogieron para los niveles alto y medio (v. tabla 6).

Los casos como el anterior han hecho necesario emplear otros métodos para poder comparar textos de diferente longitud y evaluar su riqueza léxica[14]. En esta investigación —como he dicho— utilizo tres índices para determinar las diferencias léxicas de las variables de la muestra. El primero, la densidad léxica, se basa en la evaluación individual de cada uno de los textos. El segundo, las frecuencias acumuladas por deciles, se aplica a un conjunto de textos de un estrato social determinado. Mediante el tercero comparo el número de vocablos que se obtienen en segmentos extensos de igual longitud, los cuales se forman de nuevo a partir de un conjunto de textos.

Densidad léxica

Este índice resulta de la división del número de tipos léxicos T que se obtienen de un segmento de texto de una longitud determinada entre el número N de palabras del segmento[15]. Expresado en otros términos, $D = T \div N$. Pa-

---

[14] V., p. ej., Guiraud, *op. cit.*, p. 85 *ss.*, Muller, *op. cit.*, pp. 269 *ss.* y Gustav Herdan, *The advanced theory of language choice and chance*, Berlin-Heidelberg-New York, 1966, pp. 72 *ss.*

[15] El procedimiento ha sido utilizado, entre otros, por P. L. Baldi, "Fattori sociali dell'abilitá linguistica nella produzione scritta di bambini di nove-dieci anni", *Studi Italiani di Linguistica Teorica ed Applicata* (Padova), t. 1, núm. 3 (1974), pp. 335-471. Su índice, sin embargo, difiere del mío en la medida en que él considera sólo las palabras de contenido y no las de función, como yo hago. V. también la investigación de J. Ure, quien utiliza el mismo índice (sólo con palabras de contenido) para el inglés (*apud* M. A. K. Halliday, *Language as social semiotics*,

ra una longitud en palabras de N = 100, que es la utilizada en esta investigación, la densidad de un texto es el promedio de las densidades de las unidades de 100 palabras que contiene el texto. Para el total de la muestra se obtuvo una densidad promedio mínima de 54 y una máxima de 71 (18 valores).

Como he indicado *supra*, la densidad es un valor que se obtiene de cada texto considerado individualmente. Por lo mismo, es posible observar el comportamiento de la muestra en su conjunto con apoyo en esa variable. Para ese propósito, y con el fin de poder hacer un mayor número de observaciones, hice una reagrupación de acuerdo con un primer nivel de rangos asignando a cada uno de ellos el promedio de densidad de cada dos valores. De esta manera obtuve las frecuencias que aparecen en la tabla 3 y que se ilustran en la gráfica 1. Como se desprende de la tabla mencionada, el comportamiento de la muestra para la característica que investigo se acerca bastante a una curva normal, lo que permite suponer *a posteriori* que los informantes fueron razonablemente bien seleccionados[16].

London, 1978, p. 32). De acuerdo con los comentarios de Halliday (*ibid.*) sobre el trabajo de Ure, parece evidente que la densidad está en relación con el medio (la lengua escrita tiene una densidad más alta que la hablada) y, dentro de este, con la función social del lenguaje. En este sentido, parto de la suposición de que los textos que analizo fueron grabados en una misma situación comunicativa: la entrevista. Se refiere también a la densidad léxica Humberto López Morales, *La enseñanza de la lengua materna*, Madrid, 1984, pp. 56 y 91. Yo mismo he utilizado anteriormente el procedimiento para evaluar textos escritos por niños: v. mi art. "Léxico infantil de México: palabras, tipos, vocablos", *Actas del II Congreso Internacional sobre el Español de América*, México, 1986, pp. 512 *ss.*

[16] Para obtener los datos estadísticos por computadora se utilizó el *Statistical Package for Social Sciences*, release 1.1, versión para PC. El programa fue aplicado por Javier Rodríguez, de la Unidad de Cóm-

Tabla 3
Densidad léxica: ordenación por rangos

Rango	Frec	Porcnt
54.5	4	2.0
56.5	10	4.9
58.5	32	15.6
60.5	35	17.1
62.5	50	24.4
64.5	36	17.6
66.5	27	13.2
68.5	9	4.4
70.5	2	1.0
Total	205	100.0

Prom: 62.3 - Mediana y Moda: 62.5 - Desv est: 3.35 - Var: 11.2

Para decidir cuáles de las variables se correlacionaban con la densidad, reagrupé los datos en un segundo nivel de rangos: el inferior, el central y el superior[17]. Estos tres valores se tomaron como variable lingüística independiente para, a partir de ella, considerar cuál o cuáles de las demás variables eran significativas en cuanto a su posibilidad de explicar la mayor o menor densidad de los textos[18]. En

---

puto de El Colegio de México, quien también me ayudó a interpretar los resultados.

[17] Abarcaron, respectivamente, las densidades 54 a 59, 60 a 65 y 66 a 71. En otros términos, cada uno de los rangos de este segundo nivel corresponde al promedio de cada tres rangos del primero y a 6 promedios de densidad.

[18] Para esto se utilizó la prueba de x cuadrada. De acuerdo con ella, se parte de la suposición, por ejemplo, de que el nivel cultural y la densidad son independientes. Si los resultados contradicen esta llamada

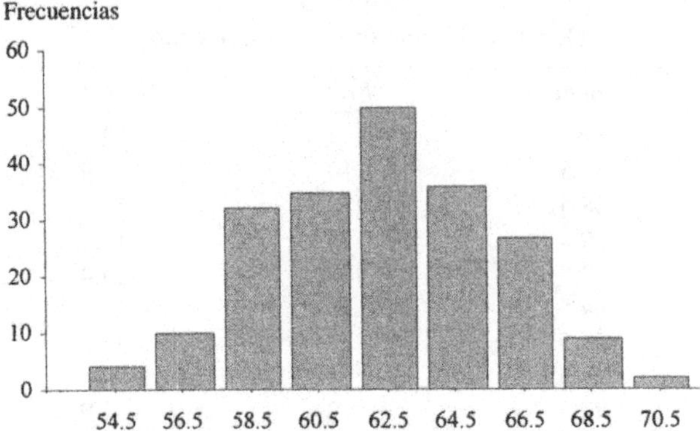

Gráfica 1. Densidad léxica: ordenación por rangos

otros términos, se trató de ver qué variables dependían de la densidad.

De acuerdo con los resultados, las variables que menos explican la mayor o menor densidad son la edad, el sexo y el número de informantes; y las que más, la zona y el nivel cultural[19]. En cuanto al primer grupo de variables, no obs-

___

"hipótesis nula", se comprueba que las variables están correlacionadas en mayor o menor grado de acuerdo con el mayor o menor valor de x^2. V. estos valores para las variables zona y nivel en las tablas 4 y 5 respectivamente. La significación (*sign* en las tablas) se refiere a la hipótesis nula y a la probabilidad de que se confirme.

[19] Se confirmó que la zona y el nivel cultural eran las variables de mayor peso en relación con la densidad incluso mediante desagregaciones de datos. Por ejemplo, se consideró separadamente cada grupo de la variable sexo y su densidad promedio por nivel cultural y se vio que las diferencias significativas aparecían en los niveles.

tante las pocas diferencias observadas, se pueden comentar algunos aspectos, así sea en un plan especulativo, a partir de los indicios que ofrecen los datos. Si se observan los grupos de edad[20], puede pensarse que se sigue aprendiendo léxico, aunque relativamente poco, a lo largo de toda la vida adulta, pues la densidad aumenta conforme aumenta la edad[21]. En lo que respecta a los grupos por sexo y por número de informantes, tal parece que se emplea más léxico cuando en un diálogo intervienen hombres y mujeres.

En relación con las variables que sí resultaron tener una alta correlación con la densidad, puede destacarse lo siguiente. En cuanto a las zonas (tabla 4), el porcentaje de textos del rango superior (RS) de la ciudad de México (68.4%) es 36.8% más alto que el de las otras localidades (31.6%). En cambio, en los rangos central (RC) e inferior (RI), los porcentajes correspondientes son más altos en la provincia (RC = 54.5%, RI = 82.6%) que en la ciudad de México (RC = 45.5%, RI = 17.4%): hay 9.0% más textos en RC y 65.2% más en RI en el interior del país que en la capital. Por otra parte, si se analiza cada zona independientemente, se advierte que en la ciudad de México es mayor el porcentaje de textos de RS (29.2%) que de RI (9.0%), mientras que en las otras localidades sucede lo contrario: son más los de RI (32.8%) que los de RS (10.3%).

[20] Baso mis observaciones en los datos que obtuve mediante la reagrupación de los grupos de edad en tres rangos: de 17 a 29, de 30 a 49, y de 50 o más años.

[21] En cambio, si se comparan estos resultados con los que obtuve para niños (art. cit., p. 514), las diferencias son muy significativas: de una densidad promedio de 47 (edad promedio de 9 años) se pasa a otra de 62.3 (ambas para los respectivos *corpus*). Esto permitiría confirmar la intuición de que el aprendizaje —en este caso del léxico— es muy alto entre la niñez y la edad adulta.

Tabla 4

Densidad léxica: zona y rangos superior, central e inferior

		Zona			
		Otras L.	*Cd. Méx.*	*Total*	*Gran tot.*
	Superior	12	26	38	38
		31.6	68.4	100%	18.5%
		10.3	29.2		
	Central	66	55	121	121
		54.5	45.5	100%	59.0%
		56.9	61.8		
Rango	Inferior	38	8	46	46
		82.6	17.4	100%	22.4%
		32.8	9.0		
	Total	116	89		
	Porcent.	100%	100%		
	Gran tot.	116	89		205
	Porcent.	56.6%	43.4%		100.0%

$X^2 = 22.56$ - Sign $= 0.0000$

La comparación de los niveles culturales (tabla 5) muestra asimismo diferencias importantes y claramente significativas. Si se consideran de nuevo cada uno de los rangos, del 100% de textos del RS, 47.4% provienen del nivel alto, 36.8% del medio y 15.8% del bajo. Entre los niveles extremos alto y bajo hay una diferencia de 31.6% más textos en el primero que en el segundo. Por otra parte, los textos del nivel alto se reparten en 38.3% para RS, 53.2% para RC y 8.5% para RI. En el nivel bajo, en cambio, se invierten las proporciones para las categorías extremas: 6.5% de los textos aparecen en RS, 54.8% en RC y 38.7% en RI. La mayor diferencia se presenta en RI entre los niveles alto (8.7%) y bajo (78.3%): el segundo grupo produjo 69.6% más textos de este rango que el primero.

Tabla 5

Densidad léxica: nivel cultural y rangos superior, central e inferior

| | | Nivel cultural | | | | |
		Alto	Medio	Bajo	Total	Gran tot.
	Superior	18	14	6	38	38
		47.4	36.8	15.8	100%	18.5%
		38.3	21.5	6.5		
	Central	25	45	51	121	121
		20.7	37.2	42.1	100%	59.0%
		53.2	69.2	54.8		
Rango	Inferior	4	6	36	46	46
		8.7	13.0	78.3	100%	22.4%
		8.5	9.2	38.7		
	Total	47	65	93		
	Porcent.	100%	100%	100%		
	Gran tot.	47	65	93		205
	Porcent.	22.9%	31.7%	45.4%		100.0%

$X^2 = 39.33$ - Sign $= 0.0000$.

Frecuencias acumuladas por deciles

Como he comentado *supra*, el índice de densidad proviene de cada texto considerado individualmente. En ellos el léxico se presenta en relación proporcional a su mayor o menor frecuencia. En otros términos, en un texto se reflejan tanto las palabras de frecuencia alta como las de media y las de baja, según sus respectivas probabilidades. En este sentido, la densidad evalúa el léxico que llamaré *normal*. Frente a lo anterior, para el análisis de frecuencias acumuladas[22] me he basado en conjuntos de textos de diferente longitud. No obstante esto, el procedimiento permite evaluar comparativamente el vocabulario de los conjuntos, ya que la extensión de cada uno de ellos —sus respectivas frecuencias totales— no condiciona el número de vocablos que se obtienen en determinados deciles, como el 7º (70% de frecuencias) y el 8º (80%). Por otra parte, dado que se requiere ordenar los vocablos en orden descendente de frecuencias[23], las diferencias corresponderían, en los deciles antes mencionados, a los vocablos de frecuencias altas y medias.

En el análisis por deciles —y de aquí en adelante— presento únicamente los datos relacionados con los niveles culturales ya que es la variable que mejor explica las diferencias léxicas[24]. Como puede observarse en la tabla 6 y en

[22] Un procedimiento semejante al que utilizo para los deciles de una distribución fue utilizado por R. Ham Chande, quien hizo su segmentación por cuartiles: v. su art. "Del 1 al 100 en lexicografía" (en L. F. Lara, R. Ham Chande e I. García Hidalgo, *op. cit.*), pp. 78 *ss*. Creo, sin embargo, a partir de sus datos (cf. su cuadro 5, p. 76 y su cuadro 6, p. 81), que sus resultados se basan en tipos léxicos y no en vocablos. No obstante, se acercan bastante a los míos.

[23] Es decir, la lista de vocablos se inicia con el de frecuencia más alta (V_n) y termina con los de más baja. Como puede verse en la tabla 6, para cubrir el 10% (42 889) de frecuencias del *corpus* son suficientes los tres vocablos de más alta frecuencia ($V_n + V_{n-1} + V_{n-2}$).

[24] Me apoyo en los resultados que se obtuvieron para las zonas y los niveles culturales considerados como variables métricas. En cuanto a la primera, el promedio de densidad para la ciudad de México fue de 63.7

la gráfica 2, las diferencias se empiezan a notar a partir del 4º decil y se van ampliando hasta llegar al máximo en el 7º. En este se recogieron para el nivel alto, cuyos textos sumaron 110 565 palabras, 250 vocablos; para el medio, 219 de un total de 130 735 palabras; y para el bajo, 183 vocablos de una frecuencia de 187 599. Estos resultados muestran, como dije antes, que los vocablos que se obtienen en ese decil —en este caso para los niveles culturales— no están condicionados por la extensión de los textos: el que tuvo la frecuencia más alta produjo un número menor de vocablos, y el de la más baja, un número mayor.

Tabla 6

Frecuencias acumuladas por deciles:
número de vocablos según nivel cultural

	Deciles										
Nivel	*10*	*20*	*30*	*40*	*50*	*60*	*70*	*80*	*90*	*100*	*Frecs.*
Alto	3	7	13	25	48	103	250	708	2 407	5 195	110 565
Medio	3	7	13	24	44	95	219	674	2 387	5 388	130 735
Bajo	3	7	13	24	43	84	183	530	1 992	5 322	187 599
Corpus	3	7	13	25	46	97	223	681	2 793	9 309	428 899

Si se toma como base de comparación el nivel alto, para el cual se obtuvieron 250 vocablos (=100%) en el 7º decil, las diferencias porcentuales muestran que tiene 12.4% más vocablos que el nivel medio, y 26.8% más que el nivel bajo. En el 8º decil el nivel alto produjo 708 vocablos

---

(=100%), y para las otras localidades de 61.2 (–3.9%). En los niveles culturales, los promedios fueron de 64.3 (=100%) para el alto, 63.2 (–1.7%) para el medio, y 60.6 (–5.8%) para el bajo.

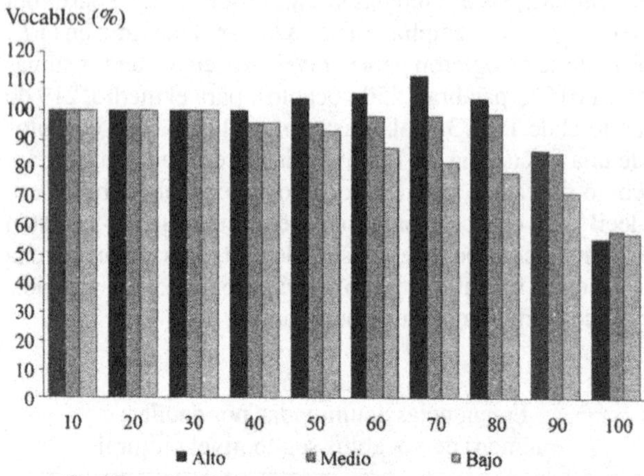

Gráfica 2. Frecuencias ordenadas por deciles
(*corpus*=100%)

(=100%), lo que representa 4.8% más vocablos que el medio y 25.1% más que el bajo. Estas diferencias, como he dicho, corresponderían a vocablos de frecuencias altas y medias. En el 10º decil, en cambio, podría considerarse que las diferencias, por una parte, se deben al peso de los vocablos de frecuencias bajas; y por otra, están condicionadas por la longitud de los textos. No obstante esto último, el nivel medio, con una extensión menor que el bajo, produjo más vocablos que éste.

Vocablos en segmentos extensos de igual longitud

Para evaluar la riqueza léxica de textos o conjuntos de textos de distinta longitud se puede emplear un procedimiento obvio: comparar los conjuntos de textos hasta el límite de la máxima extensión común. En otros términos, si tres conjuntos A, B, C, tuvieron respectivamente las frecuencias n, n + 1 y n + 2, el límite de la comparación es *n*.

De acuerdo con lo anterior, si se agrupan los textos de la muestra considerando únicamente sus características de densidad en los rangos superior, central e inferior, y se toma como límite el de 80 000 palabras gráficas —el máximo del rango superior, donde hubo menos textos—, se obtienen los resultados que aparecen en la tabla 7 y que se ilustran en la gráfica 3. La tabla constata que el número de vocablos está en función de la extensión del texto[25] y que conforme aumenta la longitud decrece el número de vocablos nuevos —de baja frecuencia— que se obtienen[26]. De allí la forma asintótica de las curvas que aparecen en la gráfica[27].

[25] Como señala Muller (*op. cit.*, p. 267), "Está claro que V [el total de vocablos] es función de N [el número de palabras o la frecuencia], es decir que para un texto dado, V crece con N [...] Ciertamente, es evidente que V crece menos de prisa que N, puesto que cada palabra que representa un vocablo ya utilizado en el texto infiere una unidad de retraso a V con relación a N". V. también *supra*, n. 12 y texto.

[26] El vocabulario real presenta en la tabla, para la extensión que considero, algunos casos en los cuales un aumento de frecuencias produce más vocablos —y no menos— que el aumento anterior. Este tipo de desviaciones, si se considera su similitud con las que muestra Muller (*op. cit.*, pp. 296-297), no invalida el planteamiento general de que conforme aumenta la extensión disminuye el número de nuevos vocablos. V. además la curva que presenta el autor citado (*ibid.*) y en la cual aparecen las extensiones teórica y real del vocabulario.

[27] Para decirlo de nuevo con Muller (*op. cit.*, p. 268), "V no cesa de crecer, pues ningún texto agota el léxico de su autor; habrá que aceptar este postulado, que es una verdad de experiencia tanto como una evidencia lingüística, y que sólo podrá ser puesta en discusión para un corpus de dimensiones inconcebibles: todavía podemos dudar de ello. El resultado es que nuestra curva tendrá partes planas cada vez más largas [...] se obtendrá una línea que tiende a llegar a ser paralela al eje de abscisas, pero sin que jamás llegue a serlo completamente". V. un planteamiento similar, así

Tabla 7
Densidad léxica: rangos superior, central e inferior

Número de vocablos según frecuencias (en miles)				
	Rangos			
Frec	*RS*	*RC*	*RI*	*Corpus*
1-10	1127	1265	965	1257
1-20	1918	1965	1492	1915
1-30	2553	2387	1951	2369
1-40	3039	2868	2266	2896
1-50	3597	3307	2667	3187
1-60	4014	3719	2936	3645
1-70	4438	4096	3198	4085
1-80	4825	4417	3428	4401
Dens. pro. (UT=100)	68.5	62.5	56.5	62.3

Si se compara el número de vocablos que se obtuvieron en la frecuencia 70 000 (4 085 para el *corpus*) con los que se recogieron en la frecuencia 80 000 (*corpus*: 4401), la diferencia (316) correspondería al incremento de nuevos vocablos entre los dos segmentos. Esos vocablos son —si no de manera absoluta, al menos en forma relativa— de baja frecuencia en comparación con las frecuencias del vocabulario total, dado que se recogieron en el límite superior de la extensión del texto.

---

como una curva sensiblemente semejante a las que presento, en R. M. Frumkina, "The application of statistical methods in linguistic research", en O. S. Akhmanova, I. A. Mel'chuk, R. M. Frumkina and E. V. Paducheva, *Exact methods in linguistic research* (Berkeley-Los Angeles, 1963) pp. 102-103.

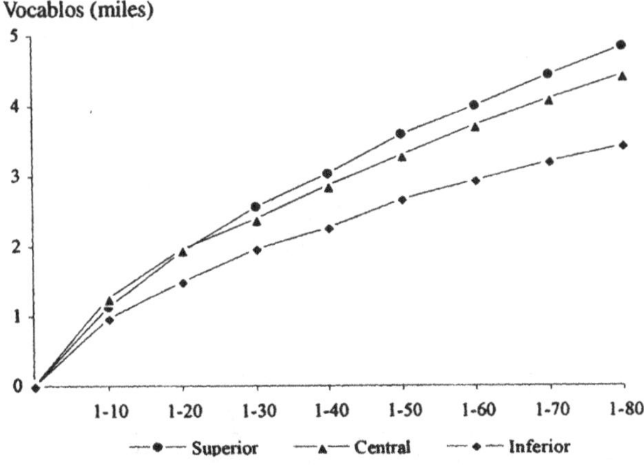

Gráfica 3. Vocablos por rangos

En cuanto a los grupos de textos por nivel cultural, la frecuencia límite fue de 110 000, de acuerdo con la extensión máxima de los correspondientes al conjunto de nivel alto. Para fines comparativos, en la tabla 8 aparecen además las frecuencias 1 a 90 000 y 1 a 100 000, junto con los vocablos que se obtuvieron en cada segmento para los tres estratos. De acuerdo con esos datos, en los tres rangos de frecuencias se obtuvieron más vocablos en el nivel alto que en el medio, y más en éste que en el bajo. Si se toma el número de vocablos del nivel alto como base de comparación, se advierte que las diferencias entre este y los otros niveles aumentan conforme se incrementa la frecuencia: en el primer rango el nivel alto (4 630 = 100%) produjo 0.8% más vocablos que el medio, y 16.8% más que el bajo; en el segundo rango (4 928 = 100%), 1.8% más que el medio, y 18.4% más que el bajo; y en el tercer rango (5 209 = 100%), 3.5% más que el medio, y 20.1% más vocablos que el nivel cultural bajo. Esto permite considerar que conforme crezca la longitud crecerán también las diferencias —explicables por el incremento de los vocablos de baja frecuencia— entre los niveles culturales[28].

Tabla 8
Niveles culturales alto, medio y bajo

	Número y % de vocablos según frecuencias (en miles)					
	Niveles					
	alto		*medio*		*bajo*	
frec.	*voc.*	*%*	*voc.*	*%*	*voc.*	*%*
1-90	4630	100.0	4591	99.2	3850	83.2
1-100	4928	100.0	4838	98.2	4021	81.6
1-110	5209	100.0	5027	96.5	4160	79.9

Consideraciones finales

Los resultados que he obtenido me permiten hacer tres tipos de consideraciones. La primera se relaciona con los datos estadísticos. De acuerdo con ellos, las diferencias entre los niveles sociales se presentan, en relación con las medidas de densidad, frecuencias acumuladas por deciles y número de vocablos por frecuencias, en el léxico nor-

---

[28] Es interesante comparar los resultados que obtuve con los adultos y con los niños, pues permite de nuevo (v. lo que mencioné respecto a la densidad en mi n. 21) advertir el alto porcentaje de vocablos (48%) que se adquieren entre una y otra edad. Los vocablos correspondientes al *corpus* de ambos grupos en la extensión de 1-110 000 ocurrencias fueron, para los niños, 3 563 (=100%); y para los adultos, 5 272 (148%). Cf., en relación con los datos del vocabulario infantil, mi art. cit., p. 511.

mal, en los vocablos de frecuencias altas y medias y en los de bajas respectivamente[29]. En cuanto a estos últimos, se puede estimar que conforme se extiende la longitud del texto, las diferencias se acentúan. Por otra parte, el tamaño y el comportamiento de la muestra junto con el tipo de evaluaciones que se utilizaron dan confiabilidad a los resultados obtenidos.

La segunda consideración se refiere a las características lingüísticas que he estudiado. A diferencia de otro tipo de investigaciones o encuestas, el análisis del léxico y de otros componentes del lenguaje mediante grabaciones tiene la ventaja de que el informante, aunque quisiera, difícilmente podría reaccionar y cambiar su conducta lingüística frente al investigador[30]. No se da esa reacción precisamente por el nivel de inconsciencia que tienen los hablantes respecto al sistema de la lengua. Consecuente-

[29] Es importante recordar que, como he mostrado *supra* (v. p. ej. la tabla 5), el mayor o menor acervo léxico —aunque es más frecuente en el nivel alto que en el bajo— no es exclusivo de un estrato social, ya que en cualquiera de ellos pueden encontrarse individuos de una u otra características.

[30] Esto se refuerza por el hecho de que yo mismo no suponía que iba a hacer este tipo de estudio cuando realicé algunas de las entrevistas y, obviamente, los informantes tampoco. Se podría argumentar que es posible que el entrevistado cambie de registro ante el investigador. Sin embargo, como señalé antes (n. 15), las grabaciones se realizaron en una misma situación comunicativa. Esa situación podría, precisamente, condicionar el registro, y no al contrario. De acuerdo con los planteamientos de Halliday (*op. cit*, pp. 31 *ss*), el registro es una forma de predicción. Si se conocen los factores que intervienen en la comunicación y el escenario en que ésta ocurre, "we can predict a great deal about the language that will occur, with reasonable probability of being right". Para los conceptos de factores y escenario en los actos de habla, v. D. Hymes, "The ethnography of speaking", en J. A. Fishman (ed.), *Readings in the sociology of language*, The Hague, 1970, pp. 110 *ss*.

mente, este tipo de datos lingüísticos resulta altamente confiable para la caracterización de los sujetos investigados. Por otra parte, es necesario destacar que los resultados no están condicionados por aspectos connotativos del lenguaje. El proceso de computación no distingue, por ejemplo, *fuiste*, *fuistes* o *juites*: las tres formas se consideran palabras gráficas y son elementos igualmente válidos para la estadística.

Por último, quisiera mencionar algunos aspectos sociales del lenguaje. Se ha discutido extensamente sobre la diferencia o la deficiencia de los códigos lingüísticos que utilizan los hablantes de diferentes estratos[31]. Además de los resultados que ahora he ofrecido, he encontrado una situación similar en los niños[32]. Por eso no me parece pertinente volver a argumentar sobre el hecho de que en un estrato social se utilice más léxico que en otro. En cambio, habría que buscar las causas de esas diferencias: muy probablemente tienen que ver con la escolaridad, pero también con el tipo de actividad o de trabajo de las personas. Las funciones del lenguaje en relación con la actividad son, necesariamente, distintas y esto podría explicar las diferencias. El lenguaje para la acción —frente al especulativo que privilegia la función heurística— es preci-

---

[31] Me refiero a las conocidas tesis de Bernstein y a quienes las apoyan y las discuten. He comentado esto en mi art. "La langue espagnole et son enseignement: oppresseurs et opprimés", en Jacques Maurais (ed.), *La crise des langues* (Québec-Paris, 1985) pp. 342 *ss.* V. además una muy buena condensación de esta discusión en F. Williams, "Some preliminaries and prospects", en Fredrick Williams (ed.), *Language and poverty*, 5th ed. (Chicago, 1973), pp. 1-10.

[32] Cf. mi art. cit. "Léxico infantil de México...", p. 513. V. también, para conclusiones que apoyan las tesis de Bernstein a partir del estudio de niños italianos, Baldi, art. cit., pp. 376 y 377.

samente el que tiene menor densidad[33]. Esto permite rechazar la hipótesis del déficit: el lenguaje es adecuado para los fines del usuario y es diferente justamente por eso. Además, el poseer un léxico extenso no es una condición suficiente para usarlo adecuadamente, con eficiencia comunicativa. Para todos es evidente que en ciertos grupos sociales de alta escolaridad se abusa de esa característica no precisamente para comunicarse sino para buscar *status* mediante el procedimiento de impresionar a los demás a través de redundancias y verborrea[34]. En cambio, las personas con menores recursos léxicos pueden ser más eficientes en su expresión: basta recordar a los excelentes narradores que aparecen por todos los pueblos[35] y todos los barrios perdidos de las ciudades.

Las personas que tenemos educación universitaria compartimos y utilizamos recursos lingüísticos similares e incluso normas muy semejantes aunque seamos de distintos países. Nos parecemos porque nos comunicamos. Esta idea puede explicar el que haya pocas diferencias entre personas de sexo y de edades diferentes: hay comunicación entre ellos. Los que parecen no hablarse son los gru-

---

[33] Cf. Halliday, *op. cit.*, p. 32: "pragmatic language, or 'language of action', has the lowest density of all. This is probably true of all languages […]" Cf. además mi n. 15.

[34] Cf., a propósito de esto, los comentarios de W. Labov, "The logic of nonstandard English" (en F. Williams, *op. cit.*), p. 164: "in many ways working-class speakers are more effective narrators, reasoners, and debaters than middle-class speakers who temporize, qualify, and lose their arguments in a mass of irrelevant detail".

[35] Vale la pena recordar lo que dijo el reconocido escritor Agustín Yáñez en un coloquio: "Mis principales maestros del idioma fueron mi madre, que conservó siempre el idioma campesino de sus primeros años, y la sagacidad de los arrieros que durante mi niñez nos transportaban en largas jornadas por los campos de Jalisco".

pos de distinto nivel social —y no hace falta decir ahora en qué pocos casos sí se dirigen la palabra. Si tiene sentido acortar las diferencias entre ellos y nosotros, el camino sería volvernos sus interlocutores y —entre otros aspectos— devolverles la información que de ellos obtuvimos cuando fueron nuestros informantes.

LAS PALABRAS DE TODOS Y LAS DE CADA UNO: UN ANÁLISIS ESTADÍSTICO DEL ESPAÑOL HABLADO EN MÉXICO

Motivos y alcances

Dentro de los estudios sobre las variantes de una lengua, la dialectología tradicional se ha preocupado sobre todo por buscar las diferencias[1] entre las realizaciones de un idioma para, a partir de ellas, trazar isoglosas que, ciertamente, delimiten las semejanzas, pero sólo como consecuencia y no como planteamiento de principio[2]. Ubicar

[1] Por ejemplo, el concepto de diasistema acuñado por Weinreich 1954 es retomado por Rona 1969, quien lo esquematiza en forma de cubo para abarcar las variantes diastrática, diacrónica y diatópica y mostrar, precisamente, las diferencias. Estas, por otra parte, resultarían mejor representadas en el esquema de intersección de los círculos de Venn. V. además n. 5.

[2] La búsqueda de las diferencias se advierte desde la redacción de los cuestionarios, que incluso se modifican cuando en sus primeras versiones no son productivos en ese aspecto. Ese objetivo se refuerza mediante la selección de los informantes. V., p. ej., algunas de las razones que da Lope Blanch 1970 p. 5 al respecto: "En los casos en que se amplía el número de informantes, procuramos atender sobre todo a los hablantes analfabetos o de escasa instrucción, por ser el habla inculta la más diferenciada regionalmente, en tanto que la modalidad culta tiende hacia la uniformidad, gobernada por el prestigio de la lengua literaria [...]". En esa misma página (n. 7), Lope Blanch añade: "La elección de estos in-

las diferencias tiene importancia, sobre todo si se trata de una lengua tan extendida geográficamente como el español, pero no menor que el reconocimiento de las semejanzas. Si nos situamos en el análisis de nuestro propio idioma, un estudio de este tipo conduciría a mostrar lo que nos une y lo que nos separa: las palabras que nos permiten comunicarnos y las que nos lo impiden.

Una investigación más extensa que ésta podría incluir las palabras que compartimos los mexicanos que hablamos español, las que nos caracterizan dentro de un determinado estrato social y las que nos identifican dentro de la comunidad hispánica[3]. Los alcances de este artículo, a partir de lo que dije antes, son limitados, pues sólo ofrezco, en el mismo sentido, datos cuantitativos sobre el vocabulario en relación con sus fuentes, su filiación y sus semejanzas y diferencias en cuanto a los aspectos anteriores y a quienes lo utilizan. Considero, no obstante, que es-

---

formantes se hace, por supuesto, de acuerdo con los procedimientos habituales, ya ampliamente comprobados, por la más esmerada tradición dialectológica". Es probable que esa tradición se relacione con lo que señalan Chambers y Trudgill 1980 p. 33: "Perhaps the most typical feature shared by all of the major proyects in dialect geography is the type of informant selected. No matter how diverse the culture, how discrepant the socioeconomic climate, and how varied the topography, the majority of informants has in all cases consisted of nonmobile, older, rural males. For want of an established term to characterise this population [...] we will refer to them as NORMs, an acronym based on the description given in the preceding sentence". Se escogen *norms*, precisamente como dijo Lope, para buscar las diferencias. Para una discusión más extensa de la función de los informantes, v. Ávila 1985 pp. 348 *ss*.

[3] V., para las diferencias sociosemánticas en el español de México, en este mismo libro los artículos "Sobre semántica social…", "Sociosemántica: referentes verbales…" y "Sociosemántica: referentes sustantivos y verbales…".

te tipo de análisis es necesario para iniciar más adelante un estudio detallado del léxico y que su cuantificación inicial conforma una base sólida para intentarlo y para evaluar la magnitud de la tarea futura.

Procedimiento y recopilación de datos

De acuerdo con la finalidad de este trabajo, las *palabras de todos* son las que aparecen en la intersección de los dialectos de un diasistema[4]. El léxico así delimitado es el del español que llamaré *común*, y contiene las palabras que aparecen en todos y cada uno de sus dialectos. En otros términos, si se considera el subconjunto del léxico de cada dialecto, para que una palabra pertenezca al léxico común debe estar distribuida en o ser elemento de cada uno de esos subconjuntos[5]. Frente a lo anterior, las *palabras de cada uno* son las que se utilizan en cada uno de los dialectos considerado en forma independiente. Este léxico, que llamaré *específico*, es el correspondiente a cada

---

[4] Frente a esto, concibo el diasistema como la unión, en términos lógicos, de los dialectos. Cf., para un ejemplo de sistemas fonológicos y su inclusión en el diasistema, Ávila 1974 pp. 369-381. Cf. también n. 1.

[5] Estadísticamente, el léxico común sería el que tuviera el mayor índice de dispersión entre los dialectos que se hayan considerado para la recopilación de los datos. Cf. un planteamiento del índice de dispersión en Ham Chande 1979 pp. 50-53. Frente al problema de la definición de *norma culta, lengua estándar* o *español general*, el concepto de 'español común' es relativamente simple desde el punto de vista en el cual me baso. Por su parte, Lara y Ham Chande 1979 p. 15 se refieren al "léxico común del español mexicano como una intersección de los léxicos individuales". Sin embargo, el desarrollo del DEM —para el cual hicieron sus investigaciones los autores antes mencionados—, se ha apoyado hasta la fecha en las nociones de léxico fundamental y léxico básico, conceptos que tratan Lara y Ham Chande con más extensión en su art. cit.

uno de los subconjuntos[6]. La última categoría que empleo es la formada por la unión de los subconjuntos anteriores, lo que forma el *conjunto* que incluye la totalidad del léxico de los dialectos.

Dentro del marco de esta investigación he considerado únicamente tres dialectos sociales: los llamados, de acuerdo con las características de los informantes, *alto*, *medio* y *bajo*, a partir de consideraciones de tipo cultural. Las palabras de todos serán las del vocabulario común a esos tres dialectos; las específicas, los vocablos de cada uno de ellos; y el conjunto, la unión de los vocabularios de los tres.

Los informantes correspondientes a los tres dialectos mencionados forman parte de los que fueron encuestados para el proyecto de delimitación de las zonas dialectales de México[7] y para el estudio del habla de la ciudad de México[8]. Las grabaciones respectivas fueron más adelante transcritas, procesadas por computadora e incorporadas al *corpus* del Diccionario del Español de México[9]. Tras analizar la composición de ese *corpus*, seleccioné del mis-

[6] Otra posibilidad de análisis es la correspondiente al léxico de los complementos de la intersección. No estudio ese léxico complementario en esta ocasión porque me pareció más conveniente conocer en principio las características del léxico total de cada dialecto. Esto evita, en mi opinión, un sesgo inicial en el análisis, ya que un dialecto se forma por la totalidad de sus elementos lingüísticos y no por una parte de ellos. Tras obtener los datos del léxico total, en cambio, se puede contrastar más adecuadamente éste con el léxico complementario.

[7] Las encuestas fueron realizadas en el Seminario de Dialectología del Centro de Estudios Lingüísticos y Literarios de El Colegio de México. Cf., para esto, Lope Blanch 1970.

[8] Fueron hechas por el Centro de Lingüística Hispánica de la Universidad Nacional Autónoma de México y se publicaron en *El habla de la ciudad de México*, 1971.

[9] V., para esto, Lara y Ham Chande 1979 pp. 27 *ss*. Tomé también los informantes de cultura media y baja del *corpus* del DEM.

mo el total de 205 textos de lengua hablada que incluyen a informantes de todo el país y con los cuales se formó el archivo electrónico que constituye la base de mi investigación[10]. Ese archivo está constituido por unas 430 000 ocurrencias de palabras gráficas, de las cuales se obtuvieron mediante un programa de cómputo alrededor de 23 500 palabras diferentes o tipos léxicos. De ellas se formó un conjunto que consta de un total de 9 309 vocablos. Este listado se organizó mediante la asociación manual de los tipos del archivo a sus correspondientes vocablos[11]. Posteriormente se procesaron de nuevo las asociaciones por computadora y, mediante un programa *ex profeso*[12], se obtuvieron las ocurrencias o frecuencias por vocablos para el conjunto y para cada uno de los subconjuntos que aquí estudio[13].

[10] Tras formar el archivo mediante la selección de textos exclusivamente de lengua hablada, se revisaron los datos procesados por computadora y se reclasificaron los informantes de acuerdo con la variable de nivel cultural que aquí empleo y además, según las variables sexo, edad y zona de origen. Para una descripción más detallada de los informantes, los textos y la muestra y su confiabilidad, cf. Ávila 1988 (incluido en este libro: "Lengua hablada y estrato social…".

[11] Conté para esta labor con la ayuda de Sara Giambruno y Evelyn Arizpe, del Centro de Estudios Lingüísticos y Literarios de El Colegio de México, y de Blanca Estela Cano, de la Subsecretaría de Educación Elemental de la Secretaría de Educación Pública de México.

[12] Fue desarrollado por H. Vázquez y A. Medel, del Centro de Procesamiento de Datos Arturo Rosenblueth de la Secretaría de Educación Pública de México. En el Centro mencionado se delimitó también el archivo que utilizo y se obtuvieron las estadísticas primarias de mi investigación.

[13] Cf., para esto, Ávila 1988. Dado que en este estudio considero una frecuencia por cada vocablo, los resultados reflejan el paradigma léxico y no su uso. Este tipo de análisis del habla ofrecería sin duda una visión distinta a la que aquí presento, ya que es de esperarse que las frecuencias modifiquen los porcentajes que por ahora obtuve.

Vocablos de todos y de cada uno

La segmentación del vocabulario del conjunto en los subconjuntos se llevó a cabo mediante la formación de siete listados y la identificación, en cada uno de ellos, de los vocablos correspondientes a *a*) el vocabulario común, formado —como expliqué antes— por la intersección de los estratos alto, medio y bajo; y *b*) el vocabulario específico de cada uno de los estratos, que incluye tanto la intersección de los tres como las intersecciones entre dos de ellos y los respectivos complementos de cada uno. Para mayor claridad véase la tabla 1: allí se presentan esquemáticamente los listados y la formación de cada subconjunto, así como el número de vocablos de estos y del conjunto.

Tabla 1

Formación de los subconjuntos común, alto, medio y bajo
y número de vocablos del conjunto y los subconjuntos

		Subconjunto		
		alto	*medio*	*bajo*
l	L1	+	+	+
i	L2	+	+	−
s	L3	+	−	+
t	L4	−	+	+
a	L5	+	−	−
d	L6	−	+	−
o	L7	−	−	+
Conjunto	(L1+ … +L7)	9 309 vocablos		
SC Común	(L1)	2 243 vocablos		
SC Alto	(L1+L2+L3+L5)	5 195 vocablos		
SC Medio	(L1+L2+L4+L6)	5 388 vocablos		
SC Bajo	(L1+L3+L4+L7)	5 322 vocablos		

Tras la delimitación de los subconjuntos, se procedió a identificar las fuentes de los vocablos —los diccionarios en los que aparecen registrados— y su filiación —las marcas o *-ismos* que se indican en aquellas. Las fuentes *primarias* —en las cuales se consultaron todos los vocablos— fueron el *Diccionario de la lengua española* de la Real Academia Española 1984 (que identificaré con la letra *A* de aquí en adelante); y el *Diccionario básico del español de México* 1986 (letra *B*). Si el vocablo no aparecía registrado por lo menos en uno de esos dos diccionarios, se procedía a buscarlo en *otras fuentes*, principiando por el *Diccionario de mejicanismos* de Santamaría. A continuación, tras agotar esa fuente, se buscaba en otros diccionarios regionales[14], generales[15], de extranjerismos o de otras lenguas[16], y técnicos o especializados[17].

En lo que respecta a la filiación, se consideraron no marcados los vocablos que se localizaron en el diccionario académico y en los diccionarios generales, excepto si en ellos aparecía alguna indicación al respecto[18]. En cam-

[14] Fueron, además del de Santamaría 1978 ya citado, los siguientes: Malaret 1946, Mejia Prieto 1984 y Morínigo 1966. Se consultó también Molinar 1975.

[15] Los de Alonso 1958, Jackson 1972, Moliner 1975 y el Diccionario Espasa 1978.

[16] Los extranjerismos se buscaron en Alfaro 1970. Se consultaron además los diccionarios Colombo 1961, Larousse 1979 y Murray 1970.

[17] Los técnicos fueron el de Galiana 1977 y el Diccionario de ciencias médicas 1977. El especializado fue el de García de Diego 1968.

[18] En los diccionarios generales no se tomaron en cuenta los datos relacionados con el origen de los términos: se partió del criterio de que toda palabra incluida en ellos es española. De otra manera hubiera sido necesario —consecuentemente— detallar, además de los galicismos y anglicismos, también los arabismos, los latinismos y los helenismos. Frente a lo anterior, se anotaron las indicaciones de tipo geográfico e in-

bio, todas las entradas de las otras fuentes se registraron como marcadas y, a partir de eso, se indicó su filiación de acuerdo con los criterios de origen o de extensión geográfica[19]. Por último, los vocablos que no fueron localizados en las fuentes o *no registrados* se catalogaron, si eran de base hispánica, como neologismos y si no, según su origen probable. Los pocos que no pudimos registrar o interpretar —tal vez erratas algunos de ellos— fueron marcados como dudosos[20].

Fuentes

Del total de 9 309 vocablos del conjunto, aparecieron en las fuentes primarias 8 786 (94.4%); en las otras fuentes, 412 (4.4%); y no se pudieron registrar 111 términos (1.2%). En lo que respecta a las primeras, el 43.2% se encontró en *AB*, el 50.8% sólo en *A*, y el 0.4% restante sólo en *B* (v. tabla 2).

---

cluso se consignaron los considerados arcaísmos. Por el contrario, en las fuentes mexicanas sí se empleó el criterio diacrónico con la finalidad de caracterizar más precisamente el vocabulario (cf. *infra*, texto y n. 19).

[19] Las marcas de tipo geográfico se recogieron de todas las fuentes que las indicaban con excepción de las correspondientes al español de México. En este caso los vocablos se consideraban, conforme a su origen, si eran de formación hispánica, como mexicanismos; y si no como indigenismos o como extranjerismos. V. n. anterior.

[20] La búsqueda se limitó a las fuentes que consigné *supra*, por lo que no puede considerarse exhaustiva. Algunos de los términos no registrados pueden ser encontrados en otro tipo de bibliografía —no necesariamente diccionarios— que, por ahora, no me fue posible consultar.

Tabla 2

Vocablos del conjunto y los subconjuntos: fuentes

	Conjunto		SC Común		SC Alto		SC Medio		SC Bajo	
	Voc	%	Voc	%	Voc	%	Voc	%	Voc	%
Primarias										
AB	4 023	43.2	1 745	77.8	2 897	55.8	2 931	54.4	2 744	51.6
A	4 725	50.8	480	21.4	2 118	40.8	2 255	41.8	2 310	43.4
B	38	0.4	2	0.1	13	0.2	16	0.3	23	0.4
Subtotal	8 786	94.4	2 227	99.3	5 028	96.8	5 202	96.5	5 077	95.4
Otras	412	4.4	16	0.7	134	2.6	151	2.8	193	3.6
No registrados	111	1.2	0	0.0	33	0.6	35	0.6	52	1.0
Total	9 309	100.0	2 243	100.0	5 195	100.0	5 388	100.0	5 322	100.0

Si se consideran separadamente los vocablos que aparecieron en *A* y en *B*, el porcentaje de los que están incluidos en el *Diccionario de la lengua española* llega a 94.0% (*AB + A*). En cambio, los que abarca el *Diccionario básico del español de México* sólo alcanzan un 43.6% (*AB + B*). La razón de esta diferencia habría que buscarla en la extensión de los dos diccionarios: el primero contiene unas 70 000 entradas y el segundo, unas 7 000. Si se toma en cuenta lo anterior, es posible decir que los vocablos del conjunto registrados en cada fuente equivalen al 12.5% del acervo del diccionario académico y al 58.0% de las entradas del diccionario mexicano.

El vocabulario común —el más uniformemente distribuido ya que, como dije *supra*, corresponde a la intersección de los vocablos de los grupos culturales alto, medio y bajo— tiene registradas en las fuentes primarias (tabla 2) el 99.3% de sus voces. De acuerdo con la fuente *A*, es posible decir que los 2 243 términos que emplean los mexicanos de los tres estratos que he considerado no difieren significativamente de los que podrían utilizar otros hispanohablantes. En otras palabras, si se supone que los vocablos que se encontraron en el diccionario académico son usuales en los países de lengua española, la diferencia en relación con los mexicanos es apenas de 0.8% (*AB + A* = 99.2%), lo que implicaría un alto nivel de unidad del idioma en relación con este tipo de léxico.

En lo que respecta a los acervos de *A* y *B*, el vocabulario común registrado en ellos equivale al 3.2% de las entradas del diccionario académico y al 24.9% de las del mexicano. Puede considerarse, a partir de esto, que en el primero está proporcionalmente menos representado ese léxico que en el segundo. Frente a lo anterior, es posible también decir que se encuentran más vocablos del español común mexicano en aquél (99.2%) que en éste (77.9%).

Los vocablos utilizados por los informantes de nivel cultural alto incluyen un 96.8% de voces registradas en las fuentes primarias (tabla 2). Esto indica que en esas fuentes aparecen 2.4% más voces del estrato alto que del vocabulario total, y 2.5% menos voces que las del subconjunto común. En relación con A y B, el 96.6% de los vocablos de este estrato aparecieron en A y el 56.0% en B, lo que equivale proporcionalmente al 7.2% del acervo del primero, y al 41.6% del correspondiente al segundo.

El subconjunto medio (tabla 2) tuvo 96.3% de vocablos registrados en A, porcentaje sólo superado por el de los subconjuntos común y alto. En cambio, el subconjunto bajo (tabla 2), con 95.0% de voces en A, registró el menor porcentaje de vocablos en el diccionario académico, salvo el del correspondiente a la totalidad del léxico. En cuanto a la fuente B, en el diccionario mexicano el estrato medio tuvo un porcentaje de 54.7% y el bajo, de 52.0%. Estas cifras muestran que los estratos medio y bajo están relativamente poco representados en esa fuente: sólo apareció con un menor porcentaje el conjunto total del vocabulario. En lo que toca a la proporción de vocablos registrados en cada diccionario, los del estrato medio equivalen al 7.4%, y los del bajo, al 7.2% del total de voces del diccionario académico; y al 42.1% y al 39.5% respectivamente del total del mexicano.

Filiación

Para la filiación del vocabulario se procedió conforme a lo que expresé *supra*. De acuerdo con las fuentes y su aparición en ellas, las marcas que les adjudicamos fueron las siguientes, que cito en orden alfabético: americanismos, arcaísmos, gentilicios[21] extranjerismos, indigenismos, mexicanismos, onomatopeyas, regionalismos y tecnicismos. Los términos que no se encontraron en las fuentes consultadas fueron clasificados —reitero— como neologismos o, si no eran interpretables, como dudosos (v. tabla 3).

De las agrupaciones que analizo, la que tiene más vocablos con marca es el conjunto de todo el léxico (8.0%). Tras este aparecen, con porcentajes menores, los vocablos de los estratos bajo (6.8%), medio (5.2%) y alto (4.4%). El que tuvo menos términos marcados fue el vocabulario de la intersección o común (1.1%). Entre el primero y el último hay una diferencia de 6.9% de voces marcadas.

En cuanto a las marcas, las más frecuentes fueron, para el conjunto de vocablos, los mexicanismos y los tecnicismos (ambos con 1.6%); a continuación se encontraron los neologismos y los extranjerismos (1.2% cada uno), seguidos por los americanismos (1.1 %). Las voces menos frecuentes fueron los arcaísmos y los gentilicios (0.1%), así como las onomatopeyas (2 vocablos: 0.0%).

En lo que se refiere a las agrupaciones, en el subconjunto común, que —como dije antes— fue el menos marcado, se presentaron sobre todo mexicanismos, aunque con un porcentaje muy bajo (apenas 0.5%); a continuación, con porcentajes aún más bajos, aparecieron los americanismos y los extranjerismos (ambos 0.2%); mientras que el resto de las marcas resultó porcentualmente inexistente. En cuanto a los estratos, en el nivel cultural alto los

---

[21] Sólo utilicé esta marca para los vocablos que registré en las fuentes mexicanas. Me pareció necesario indicar los gentilicios mexicanos como categoría aparte porque estos derivados de topónimos se generan según se requieran específicamente en cada país o región y sólo unos pocos alcanzan a ser incluidos en los diccionarios generales.

Tabla 3
Vocablos del conjunto y los subconjuntos: filiación

	Conjunto		SC Común		SC Alto		SC Medio		SC Bajo	
	Voc	%	Voc	%	Voc	%	Voc	%	Voc	%
Con marca										
americanismos	105	1.1	5	0.2	19	0.4	41	0.7	70	1.3
arcaísmos	9	0.1	1	0.0	3	0.1	3	0.0	6	0.1
extranjerismos	112	1.2	4	0.2	42	0.8	53	1.0	35	0.6
gentilicios	14	0.1	0	0.0	4	0.1	7	0.1	7	0.1
indigenismos	46	0.5	1	0.0	10	0.2	17	0.3	29	0.5
mexicanismos	153	1.6	12	0.5	28	0.5	59	1.1	104	2.0
neologismos	111	1.2	0	0.0	33	0 6	35	0.6	52	1.0
onomatopeyas	2	0.0	0	0.0	1	0.0	0	0.0	1	0.0
regionalismos	24	0.3	1	0.0	5	0.1	6	0.1	15	0.2
tecnicismos	152	1.6	1	0.0	81	1.5	54	1.0	38	0.7
dudosos	16	0.2	0	0.0	3	0.1	6	0.1	7	0.1
Subtotal	744	8.0	25	1.1	230	4.4	281	5.2	364	6.8
Sin marca	8 565	92.0	2 218	98.9	4 965	95.6	5 107	94.8	4 958	93.2
Total	9 309	100.0	2 243	100.0	5 195	100.0	5 388	100.0	5 322	100.0

más frecuentes fueron los tecnicismos (1.5%), seguidos
por los extranjerismos (0.8%); y los menos, los arcaísmos,
los gentilicios y los regionalismos (0.1% cada uno), así como las onomatopeyas (0.0%). En el nivel medio se presentaron sobre todo mexicanismos (1.1%), extranjerismos y
tecnicismos (ambos 1.0%) y, por otra parte, hubo muy pocos arcaísmos y onomatopeyas (0.0% cada uno). En el nivel bajo, por último, los porcentajes superiores correspondieron a los mexicanismos (2.0%) y a los americanismos
(1.3%), y los inferiores a los arcaísmos (0.1%) y a las
onomatopeyas (0.0%).

Conclusiones

Los resultados que he presentado, dada la extensión de los
datos en los que se sustentan, pueden considerarse confiables. Sin embargo, la estadística puede modificarse sobre
todo en un aspecto: el criterio para la determinación de los
diferentes *-ismos* dentro de la categoría de vocablos que
he considerado con marca. Por ejemplo, cabe decir que
los arcaísmos —muy pocos, por cierto: sólo un 0.1% del
total— lo son sólo por comparación, y no para quien los
usa —y sucede que el juicio para decidir qué palabras son
de ese tipo viene de un solo lado: el académico[22]. Es posible también que los mexicanismos y los regionalismos
se vuelvan, tan pronto haya más estudios y fuentes de
consulta, americanismos o incluso panhispanismos y que

[22] Desde un punto de vista comparativo, un arcaísmo sería un término que se empleó en una etapa anterior de la historia de la lengua y que
aparece en uno de los dialectos que se comparan. Lo que es arcaísmo en
uno puede no serlo en el otro, y viceversa. Lo que se requiere, para lograr el equilibrio, es estudiar el español académico y decidir, a partir del
dialecto mexicano, cuáles son sus arcaísmos.

muchos neologismos dejen de serlo. En cuanto a los tecnicismos, el criterio para decidir cuáles lo son no es suficientemente claro a partir de lo que se desprende de la fuente A, o por lo menos no resulta así para quienes partimos de un enfoque centrado en el uso mexicano. Por otra parte, en lo que respecta a los extranjerismos, su número es bajo para lo que cabría esperarse en un país colindante con otro cuya presencia se deja sentir en muchos ámbitos que rebasan el contacto cara a cara y llegan hasta los medios electrónicos de difusión masiva. Sin embargo, su porcentaje —apenas el 1.2% del total— no sorprende si se considera el criterio de recopilación: previamente hice un estudio equiparable y llegué a cifras similares[23].

Hechos los comentarios y las salvedades anteriores, es posible, a partir de los datos que he ofrecido, caracterizar el léxico del español hablado en México. El criterio que he seguido se basa en el porcentaje promedio de las agrupaciones —conjunto y subconjuntos— en relación con sus fuentes y su filiación[24]. En la tabla 4 aparecen con signo

[23] Cuando investigué los extranjerismos en la prensa mexicana obtuve porcentajes menores al que aquí he ofrecido. En cambio, en otro estudio que hice sobre los nombres de establecimientos de venta y servicio en diferentes zonas de la ciudad de México, los porcentajes subieron notablemente, hasta alcanzar casi el 50% de extranjerismos en las zonas de más alto nivel socioeconómico. Los trabajos anteriores fueron presentados como ponencias y no se han publicado.

[24] A continuación aparecen los porcentajes de las agrupaciones y los promedios en relación con las fuentes:

Fuentes	*A*	*B*
conjunto:	$AB + A = 94.0\%$	$AB + B = 43.6\%$
subconjunto común:	$AB + A = 99.2\%$	$AB + B = 77.9\%$
subconjunto alto:	$AB + A = 96.5\%$	$AB + B = 56.0\%$
subconjunto medio:	$AB + A = 96.3\%$	$AB + B = 54.7\%$
subconjunto bajo:	$AB + A = 95.0\%$	$AB + B = 52.0\%$
promedios:	96.2%	56.8%

positivo las agrupaciones cuyos porcentajes se encontraron arriba del promedio, y con signo negativo las que estaban abajo del mismo. En lo que se refiere a la filiación he considerado los *-ismos* o vocablos que tienen marca y, dentro de estos, los tecnicismos únicamente —pues son suficientes para caracterizar a los subconjuntos indiferenciados.

Tabla 4

Caracterización del vocabulario según fuentes y filiación

| | *f u e n t e s* | | *f i l i a c i ó n* | |
	A	*B*	*ismos*	*tecnic*
Conjunto	–	–	+	+
SC Común	+	+	–	(–)
SC Alto	+	–	–	(+)
SC Medio	+	–	+	(–)
SC Bajo	–	–	+	–

De acuerdo con lo antes dicho y desde un punto de vista relativo, el vocabulario común se caracteriza por su abundante presencia en las fuentes primarias y la ausencia de vocablos con marca. El léxico del nivel cultural alto aparece asimismo en el rango superior en relación con la fuente *A*, pero en el inferior en la *B*, y la gran mayoría de sus términos son, al igual que los del subconjunto anterior, no marcados, lo que permite considerar que el vocabulario de ese estrato es el que más se acerca a una posible

---

Los valores porcentuales para obtener el promedio correspondiente a la filiación (-ismos en general y tecnicismos) pueden consultarse en la tabla 3 (nótese que los vocablos *con marca* de esa tabla equivalen a *ismos* en la tabla 4).

norma general hispánica. El nivel medio tiene, como las dos agrupaciones anteriores, muchos vocablos en el diccionario académico y, como en el nivel alto, comparativamente pocos en el mexicano; se diferencia de éste porque incluye más -*ismos*. El conjunto de la totalidad del léxico y el subconjunto del nivel bajo presentan características similares: los dos aparecen en el rango inferior de las dos fuentes primarias y en el superior en cuanto a voces marcadas. Sin embargo, puede establecerse una diferencia entre ellos con base en los términos marcados que más frecuentemente aparecieron en uno de ellos y menos en el otro: el conjunto tuvo más tecnicismos que el estrato bajo.

Quisiera, para terminar, hacer algunos planteamientos que surgen de lo que he expuesto. Pienso que el español de México tiene mucho más unidad que diversidad, sobre todo si se toman en cuenta no sólo las palabras comunes que he estudiado, sino también las que no consideré por ahora: las que se encontrarían en las intersecciones de cada dos niveles culturales. Lo anterior se refuerza por la investigación de las fuentes —en la académica aparece registrada la mayoría de los vocablos y en ella abrevamos y nos reflejamos todos— y porque el número de voces marcadas es muy bajo. Estos dos hechos rebasan el ámbito de mi país y por eso quisiera destacarlos: compartimos una misma fuente y valdría la pena actualizarla e investigar en los países hispanohablantes las palabras que nos unen y las que nos separan. Si incluimos también estas, reforzaremos la unidad mediante su conocimiento.

Bibliografía

Alfaro, Ricardo Joaquín 1970. *Diccionario de anglicismos* (Biblioteca Romántica Hispánica). Madrid: Gredos.

Alonso, Martín 1958. *Enciclopedia del idioma*. 3 vols. Madrid:
   Aguilar.

Ávila R. 1974. "Problemas de fonología dialectal". *NRFH* 23.
   369-381.

———— 1985. "La langue espagnole et son enseignement: oppresseurs et opprimés". En Jacques Maurais (ed.), *La crise
   des langues*. Québec: Conseil de la Langue Française, Paris:
   Le Robert. 331-364.

———— 1988. "Lengua hablada y estrato social: un acercamiento
   léxico estadístico". *NRFH* 36. 131-148 (incluido en este mismo libro).

Chambers, J. K. y Peter Trudgill 1980. *Dialectology*. University
   press: Cambridge, England.

Colombo, Paolo 1961. *Vocabolario della lingua italiana*. Bo-
   logna: Casa Editrice Capitol.

Diccionario básico del español de México 1986. Dirigido por
   L.F. Lara. México: El Colegio de México.

Diccionario de ciencias médicas 1977. *Diccionario terminológi-
   co de ciencias médicas*. 11ª ed. Barcelona: Salvat.

Diccionario Espasa 1978. *Diccionario enciclopédico Espasa*.
   12 ts., 8ª ed. Madrid: Espasa.

El habla de la ciudad de México: materiales para su estudio
   1971. México: Universidad Nacional Autónoma de México.

Galiana Mingot, Tomás 1977. *Pequeño Larousse técnico*. México: Larousse.

García de Diego, Vicente 1968. *Diccionario de voces naturales*
   (Biblioteca Cultura e HIstoria). Madrid: Aguilar.

Ham Chande, R. 1979. "Del 1 al 100 en lexicografía". En L. F.
   Lara, R. Ham Chande e I. García Hidalgo, *Investigaciones
   lingüísticas en lexicografía*. México: El Colegio de México.
   41-83.

Jackson, W. M. 1972. *Diccionario hispánico universal*. 17ª ed.
   México: W.M. Jackson.

Lara, L. F. y R. Ham Chande 1979. "Base estadística del Diccionario del Español de México". En L. F. Lara, R. Ham Chande e I. García Hidalgo, *Investigaciones lingüísticas en lexicografía*. México: El Colegio de México. 5-39.

Larousse 1979. *Larousse de la langue française: Lexis*. Paris: Larousse.

Lope Blanch, J. M. 1970. "Las zonas dialectales de México: proyecto de delimitación". *NRFH* 19. 1-11.

Malaret, Augusto 1946. *Diccionario de americanismos*. 3ª ed. Buenos Aires: Emecé.

Mejía Prieto, Jorge 1984. *Así habla el mexicano. Diccionario básico de mexicanismos*. México: Panorama.

Molinar, Rita 1975. *Antojitos y cocina mexicana*. México.

Moliner, María 1975. *Diccionario de uso del español*. 2ts. (Biblioteca Románica Hispánica). Madrid: Gredos.

Morínigo, Marcos A. 1966. *Diccionario de americanismos*. Buenos Aires: Muchnik Editores.

Murray, James Augustus 1970. *The Oxford English dictionary*. Oxford: Oxford University Press.

Real Academia Española 1984. *Diccionario de la lengua española*. 2 ts., 20ª ed. Madrid: Real Academia Española.

Rona, J.P. 1969. "¿Qué es un americanismo?" En *El Simposio de México, enero de 1968: actas, informes y comunicaciones*. México: Programa Interamericano de Lingüística y Enseñanza de Idiomas-Universidad Nacional Autónoma de México. 135-148.

Santamaría, Francisco J. 1978. *Diccionario de mejicanismos*. México: Porrúa.

Weinreich, U. 1954. "Is a structural dialectology possible?" En J. A. Fishman (ed.), *Readings in the sociology of language*. The Hague. 305-319 [Ed. original en *Word* 1954, 10. 388-400].

SOBRE SEMÁNTICA SOCIAL: CONCEPTOS Y ESTRATOS EN EL ESPAÑOL DE MÉXICO*

Imaginemos

que viajamos por la República Mexicana. Durante el trayecto, que abarca todo el país e incluye pueblos y ciudades, conversamos con personas de distinta condición social. Las charlas giran alrededor de cualquier tema que surge libremente a partir de los intereses de los entrevistados. Las entrevistas ocurren casi siempre en las casas de los nuevos conocidos. Normalmente son diálogos, aunque a veces se cuela una persona más y excepcionalmente otra. Las conversaciones se graban para analizarlas posteriormente y recoger datos sintomáticos para la caracterización de las zonas dialectales de México.

Si uno ha hecho algunas de esas entrevistas[1], se queda con

* El procesamiento por computadora de los datos que aquí se presentan fue hecho en el Centro de Procesamiento de Datos Arturo Rosenblueth, de la Secretaría de Educación Pública de México. Conté asimismo con la colaboración de la Unidad de Cómputo de El Colegio de México. Agradezco a Pedro Martín Butragueño, del Instituto de Filología del Consejo Superior de Investigación Científica (España), Laura Reinking, de la Universidad Pedagógica Nacional y María Ruiz, también de la UPN, el apoyo que me dieron para hacer este trabajo, así como sus comentarios, que me ayudaron a precisar algunos aspectos del mismo.

[1] Personalmente participé en algunas de ellas. Fueron hechas para el

algunas impresiones que no se relacionan con el propósito original para el que fueron hechas. De alguna manera uno puede recordar que los informantes de los estratos sociales menos favorecidos usaban frecuentemente palabras como *trabajo, agua* o *comida*, mientras que los de estratos altos empleaban otras, como *cultura, profesión* o *conocimiento*.

De lo anterior pueden surgir varias preguntas. Las que se formulan con más frecuencia —y para lo cual se hicieron las entrevistas— se refieren a las diferencias sintomáticas que lleven a caracterizar los dialectos del español de México geográfica o socialmente con base en el análisis de los significantes. En cambio, hasta ahora no se ha preguntado, en relación con esas entrevistas y con otras que

---

Atlas Lingüístico de México. Posteriormente fueron procesadas por computadora para ser utilizadas como parte del *corpus* del Diccionario del Español de México. De ese *corpus* seleccioné las 205 grabaciones que utilizo en esta investigación para el análisis de la variable sociocultural. Los estratos que comparo en este trabajo son únicamente el bajo y el alto (cf. *infra*). Brevemente, el estrato bajo incluye personas con poca o ninguna escolarización que son trabajadores manuales asalariados o campesinos pobres; el estrato alto está formado por personas con estudios universitarios o equivalentes que son o podrían ser líderes de opinión en su comunidad, como profesores, políticos o intelectuales (todos asalariados no manuales), y que podrían ser considerados como el modelo del habla prestigiosa en el nivel local. En todo caso, el estrato alto se consideró en relación con los otros dos en cada pueblo o ciudad donde se hicieron las entrevistas. Normalmente este estrato estaría incluido en la clase media nacional. V. para esto las descripciones que hacen —a propósito de la delimitación de la clase media— Stern (1990:20 *ss*) de acuerdo con la ocupación de los individuos; Loaeza (1990:69 *ss*), a partir del comportamiento; y otros investigadores (Loaeza y Stern 1990). Para una descripción más detallada de las entrevistas y los informantes en los que se basa mi investigación, cf. Ávila 1988. V. asimismo Ávila 1990 para una caracterización del vocabulario de los tres estratos sociales por fuentes y por filiación (ambas investigaciones incluidas en este libro, respectivamente, "Lengua hablada y estrato social...", y "Las palabras de todos y las de cada uno...").

se hacen en distintas investigaciones, por las diferencias conceptuales, es decir las simbólicas o referenciales[2].

En un país como México —y como muchos otros— las diferencias sociales se reflejan en el uso referencial del lenguaje. Es evidente, como señala Guy (1988:37), que un banquero, así como no se viste igual ni come lo mismo que un plomero, tampoco se refiere a los mismos objetos ni utiliza los mismos conceptos que el segundo. El lenguaje necesariamente refleja los roles y las distintas relaciones sociales y de trabajo que establecen cada uno de ellos o, para decirlo de otra manera, su tipo de cultura. Sus intereses son distintos y, a partir de esto, puede uno suponer que su universo conceptual también lo es. Lo que ahora intento es ver qué caracteriza el vocabulario de los estratos sociales de acuerdo con su frecuencia de empleo y su contenido referencial. La respuesta, en todo caso, será limitada. Mi investigación apenas puede considerarse un primer acercamiento metodológico al problema.

---

[2] De acuerdo con la descripción general que hace Walters (1988:120 *ss*), la dialectología tradicional y la dialectología urbana o sociolingüística han tratado de evaluar fundamentalmente la variación sintomática para ubicar los posibles cambios. V. una descripción breve pero abarcadora sobre el estudio del lenguaje y el contexto social en Lavandera (1988). Para el concepto de "función referencial" me apoyo en Jakobson (1963:214), y la utilizo como sinónimo de función simbólica o representativa (Bühler 1967:69 *ss*). Esta función es equivalente a la que Halliday, cuando consideraba cuatro de ellas (1970:143 *ss*) llamó "ideacional". La comparación no parece tener tanto sentido en relación con las siete funciones que más adelante propuso el mismo autor (Halliday 1978:19-20), y que retoma incluso más recientemente (1978:188). Para comentarios sobre estas y otras funciones que proponen otros autores, cf. Robinson (1978:34 ss-40 *ss*), quien, por su parte, plantea una nueva taxonomía en la que incluye 14 funciones (pp. 40 *ss* y 45).

La delimitación de los vocablos

El procedimiento que he seguido para el análisis del léxico tiene varias etapas. Tras hacer las grabaciones, se procesó por computadora un total de alrededor de 2 000 palabras gráficas de cada una de ellas, lo que produjo un *corpus* de cerca de 430 000 palabras gráficas (Ávila 1988: 29). De ellas se obtuvieron mediante un programa de cómputo diseñado con ese fin los tipos léxicos o palabras diferentes. A partir de ellos se hizo la asociación de tipos a vocablos, que llegaron a un total de 9 309, los cuales se codificaron de acuerdo con las características sociales de los informantes que los produjeron[3].

Para intentar la caracterización semántica de los estratos socioculturales me basé inicialmente tanto en los vocablos comunes a todos ellos —es decir, en los que están mejor distribuidos— como en los exclusivos de cada uno[4]. Dentro de esos conjuntos aparecen, en un extremo, vocablos de baja frecuencia, con un mínimo de una ocurrencia. En otro se encuentran los vocablos con frecuencias muy altas, como algunas preposiciones y conjunciones que superan las 10 000 ocurrencias. Para evitar los riesgos del azar que se presentan con los primeros y la incierta caracterización social que puede obtenerse de los últimos por su alta frecuencia y consecuentemente el bajo nivel de información que ofrecen, decidí —tras hacer una secuencia ordenada de frecuencias— cortar los extremos de la lista. De esta manera delimité un subconjunto de vocablos que

[3] Para todo esto, v. mi n. 1 y Ávila 1988 y 1990.

[4] Los vocablos se distribuyeron entre los tres estratos —alto, medio, bajo— que incluye la muestra, entre dos de ellos, o se concentraron en uno solo (cf. Ávila 1990). Sin embargo, como digo *infra*, en esta investigación sólo comparo los estratos alto y bajo.

van de un mínimo de 30 ocurrencias a un máximo de 800. De este primer listado suprimí todas las clases de palabras con excepción de los sustantivos, en los cuales me baso por ahora para establecer las diferencias referenciales.

A continuación se evaluaron mediante un programa de cómputo las diferencias de frecuencias que podrían resultar significativas para la caracterización de los estratos alto y bajo —únicos de los que me ocupo en esta investigación (v. n. 1), a partir de la suposición de que entre ellos habrá diferencias más notorias que me permitirán probar y afinar mi planteamiento metodológico. De acuerdo con esto, se hizo una selección de los sustantivos que tuvieron una diferencia de 100% o más ocurrencias entre uno y otro estrato[5]. Las consideraciones que siguen se apoyan en ese *corpus* o conjunto final formado por un total de 234 vocablos.

Vocablos: rangos, frecuencias y referentes

La evaluación cuantitativa de los vocablos se basa en el rango de cada uno de ellos, el cual corresponde a las diferencias porcentuales[6] de frecuencias entre los estratos. En otros términos, el rango 1 —el más alto— corresponde al vocablo que en un estrato tuvo la más alta diferencia de frecuencia con respecto al otro (tablas 1 y 2); y el rango *n* — el más bajo— corresponde al vocablo que registró la menor

---

[5] Los porcentajes se obtuvieron de acuerdo con la ecuación Frecuencia Mayor *menos* Frecuencia Menor *entre* Frecuencia Menor *por* Cien. Esto quiere decir que si en un estrato la frecuencia fue de 10, en el otro debió ser por lo menos de 20 (tener un crecimiento porcentual de 100.00%) para que fuera incluido el vocablo en la lista. Esta diferencia asegura —quizás incluso en exceso— que los resultados no son determinados por el azar.

[6] Para la forma en que se obtuvieron los porcentajes, v. n. anterior.

diferencia entre los estratos que comparo. De esta manera se obtuvieron 169 vocablos en los cuales el estrato bajo superaba al alto (tabla 1), y 65 que eran más frecuentes en el estrato alto que en el bajo[7] (tabla 2).

De acuerdo con lo antes expuesto, los primeros 20 vocablos del nivel bajo son los siguientes (v. tabla 1):

1 chile, 2 tortilla, 3 caña, 4 kilo, 5 caldo, 6 litro, 7 cebolla, 8 gallina, 9 baile, 10 sal, 11 pescado, 12 sopa, 13 pollo, 14 semilla, 15 milpa, 16 molino, 17 manteca, 18 patrón, 19 verdura, 20 tamal.

Compárense esos vocablos con los correspondientes a los primeros 20 del nivel alto:

1 cultura, 2 aspecto, 3 serie, 4 valor, 5 profesión, 6 país, 7 curso, 8 obra, 9 educación, 10 sala, 11 sistema, 12 estrella, 13 historia, 14 idea, 15 interés, 16 médico, 17 dato, 18 arte, 19 examen, 20 tema.

Si se considera ahora el significado de los vocablos —para lo cual consulté los contextos de la muestra— la primera observación que se desprende de la comparación por rangos es que los primeros 20 del nivel bajo corresponden, sin excepción, a referentes que se pueden ver. Además todos se puede tocar —con excepción de *baile*—, aunque algunos quemen si están calientes, como *sopa*. Y la mayoría se puede comer —o sirven para ese fin, como *mil-*

---

[7] La diferencia entre el número de vocablos se debe a que los vocablos del nivel alto tienen, comparativamente, un menor número de ocurrencias que los del bajo. Por este motivo muchos de ellos no llegan al límite de 30 ocurrencias que utilicé para la delimitación del vocabulario que comparo. En mi art. cit. (Ávila 1988, tabla 6) puede verse que los vocablos que seleccioné se ubican en cuanto al número en el decil 70, es decir, en los de frecuencias medias. En ese decil incluso el nivel alto produce un número mayor de vocablos que el bajo, no obstante que este último tiene en total más frecuencias. Esto se corrobora además mediante la revisión de la lista total de vocablos.

pa, siembra de maíz, y *molino*, donde se muele ese cereal—, con la excepción de *kilo*, *litro*, *baile* y *patrón*. Frente a esto, en el nivel alto sólo tres vocablos se refieren a conceptos que se pueden ver: *sala*, *estrella*, y *médico*[8]. En ese estrato únicamente hay dos conceptos que se pueden tocar: *sala* y *médico*; y ninguno se puede comer.

Los vocablos del estrato bajo referidos a lo que se puede comer parecen indicar, dada su alta frecuencia, la importancia que tiene esa necesidad primaria para la gente del estrato menos privilegiado. Puede considerarse que se habla de eso cuando no se ha superado el problema. Cuando ya no existe o es menor, la conversación bien puede irse hacia otros tópicos.

En cuanto al total de vocablos, para dar una idea de conjunto intenté una clasificación a partir de los referentes que son perceptibles por los sentidos —se ven, se tocan, se huelen, se escuchan o se saborean— y los que no lo son. En el estrato bajo, el 86.39% de los referentes se puede percibir, y en el estrato alto sólo el 43.08%. En esta clase de vocablos —la más caracterizadora— el estrato bajo tiene una diferencia porcentual de prácticamente el doble de conceptos que se pueden percibir con respecto al nivel alto. En otros términos, en el estrato bajo se utiliza cien por ciento más frecuentemente esa clase de vocablos que en el estrato alto. Complementariamente, dentro de los conceptos no perceptibles del estrato bajo (13.61%), el 8.88% son referencias temporales. En el estrato alto sólo hay, dentro de los referentes no perceptibles (56.92%), un 3.08% de menciones temporales. La tendencia general pa-

---

[8] El vocáblo *obra* se refiere en la mayoría de los contextos a una obra espiritual. En algunos de ellos también hace referencia a obras materiales, como un edificio que hace un ingeniero.

rece evidente: las diferencias porcentuales son lo suficientemente altas como para que resulten significativas en cuanto al tipo de conceptos que utilizan los dos estratos. En este sentido podría decirse —a diferencia de lo que parece suponer Bernstein— que el estrato bajo sí utiliza un léxico de contenido abstracto, pero lo hace con menos frecuencia que el estrato alto, por el tipo de relaciones sociales y culturales en el que están inmersos el uno y el otro[9].

Campos referenciales

Tras el análisis anterior, clasifiqué los vocablos por campos referenciales con base en los contextos. El procedimiento surgió a partir de la necesidad de agrupar el léxico de acuerdo con sus posibles asociaciones semánticas. En un campo referencial hay semejanzas, aunque no tan estrechas como las que se analizan en los campos semánticos, tal como los plantean, entre otros, Baldinger, Coseriu, Heger y

---

[9] V. la discusión que recogen Kress & Hodges (1979:67-68): "Bernstein assumes that the restricted code of working-class speakers has inherent difficulties with generalizations and abstractions, and cannot easily cope with shifts of role within the speech situation. Sue Shrapnel claims for the speakers she describes great readiness to *move between the personal and the impersonal*, and the ability to make careful distinctions between the general and the merely particular". Sin embargo, Kress y Hodges discrepan de Shrapnel en la medida en que ella, "to justify working-class language to middle-class (especially academic) readers, she has to translate the phenomena into terms they would understand, into their system of categories, their language. This inevitably eliminates the original system of categories". Como digo arriba, la menor frecuencia de uso del léxico abstracto en las clases bajas implica una práctica menor, lo que limita la habilidad necesaria para manejar ese tipo de conceptos. Cf. asimismo Bernstein (1971). He comentado a este autor, sus hallazgos y mis discrepancias con respecto a sus opiniones en Ávila (1985:342-348).

Pottier[10]. Además, en los campos referenciales incluí también los atributos posibles de los referentes —lo que se puede decir de ellos o lo que se relaciona con ellos.

Para establecer esos campos revisé varias de las clasificaciones conceptuales que se utilizan en lexicografía, como las de Hallig y von Wartburg (1963:101-112), Dornseiff (1970:17-28), Dutch (1962:xxxviii-xlviii), Casares (1959:xxxiii-lxxv) y Moliner (1983:xvi *ss.*). Como señala Baldinger (1977:125-127), todas esas clasificaciones, aunque útiles, son subjetivas y siempre es posible hacer otras. La clasificación que utilizo es también en alguna medida subjetiva pero, en todo caso, responde a las necesidades de los conceptos que estudio: surge de ellos y permite hacer la comparación de los dos estratos a partir de las mismas categorías semánticas, que son las siguientes (V. tabla 3):

A) El ser humano: atributos psicológicos y valores, el cuerpo y atributos, las necesidades (alimento, vestido); *B*) la sociedad: instituciones y funciones, cultura y educación, relaciones interpersonales y esparcimiento; *C*) ocupación: servicios; *D*) entorno: lugares naturales y artificiales (y atributos); *E*) tiempo: referencias temporales; y *F*) elementos (objetos, animales): naturales o artificiales.

Para hacer una comparación entre los campos referenciales de cada estrato los ordené de nuevo en rangos con-

---

[10] Cf. Pottier 1964 y Pottier 1965. En esos artículos se plantea el análisis semántico estructural a través de semas específicos, generales y virtuales. Asimismo hay algunas sugerencias (Pottier 1965:20 *ss*) interesantes para una clasificación general como la que proponen Hallig y Wartburg (1963). Coseriu (1964) analiza campos y oposiciones semánticas desde un planteamiento estructuralista, y propone ideas importantes sobre la comparación semántica entre lenguas, especialmente romances. El artículo de Heger (1965) es fundamental para el planteamiento de la onomasiología. Estas ideas las retoma después Baldinger (1967) para precisar y esquematizar los conceptos de campos onomasiológico y semasiológico.

siderando ahora cada uno de los campos como unidad, a partir de las diferencias de frecuencia y el número de vocablos que contiene cada uno[11]. De esta manera, salta a la vista la diferencia básica entre los estratos (tablas 4 y 5): el campo de rango más elevado en el nivel bajo es el de alimentos (R1); y en el nivel alto, el de cultura (R1). Estos dos campos, además, son los que contienen más vocablos en cada estrato: 38 el de alimentos y 26 el de cultura. Los diez primeros vocablos del campo 'alimentos' (estrato bajo) son: *chile* ('ají, condimento picante'), *tortilla* (de maíz), *caldo, cebolla, gallina, sal, pescado, sopa, pollo* y *manteca*. Contrastan con estos los diez primeros vocablos del campo 'cultura' (estrato alto), que se inician con el término *cultura*, y continúan con *serie, curso, obra, educación, sistema, historia, dato, arte* y *examen*. En el extremo opuesto, el último rango del estrato bajo lo ocupa el campo 'cultura'; y el rango más bajo del estrato alto corresponde a 'alimento'.

El segundo rango en ambos estratos está ocupado por los servicios y sus atributos. En este caso la diferencia se puede establecer por el tipo de referentes: en el estrato bajo hablan del *policía*, el *sueldo*, el *mercado*, el *comercio*, la *tienda*, la *feria* —lugar temporal donde se ofrece la mercancía al mayoreo, como la "feria de la naranja"—, la *venta*, el *producto*, el *cliente*, el *precio*, el *dinero* y el *gasto*. En el estrato alto, en cambio, se comenta sobre el *político*, el *director*, el *médico*, la *competencia*, la *oportunidad*, la *ventaja*, la *práctica* y el *interés*.

---

[11] El rango de cada campo referencial se forma a partir del promedio de rangos de cada uno de sus vocablos entre el número de vocablos (v. tablas 4 y 5 y n. al pie). V. *supra* (texto) para la explicación del rango de cada vocablo, lo que, por otra parte, es asimismo evidente en las tablas 1 y 2.

En el orden de rangos, el tercer campo del estrato bajo está formado por las referencias a los elementos naturales, es decir a la *tierra*, las *plantas*, los *árboles*, las *piedras*, el *calor*, los *animales* y el *ganado*. En el estrato alto, en cambio, este tipo de referentes nunca fue más frecuente que en el estrato bajo.

El cuarto rango del estrato bajo está ocupado por los lugares a los que se refieren los informantes. En sus conversaciones hablan del *centro* del *pueblo*, de la *plaza*, del *parque* o del *jardín*, del *barrio* o la *colonia*, de la *esquina* de la *calle*, de la *fábrica*, el *rancho*, la *casa* y el *salón* de la escuela. En el estrato alto el tema, aunque se menciona con alguna frecuencia (R5: v. tabla 4), los lleva a hablar sobre todo de la *dirección* de la escuela o la oficina y de la *sala* de la casa.

A continuación aparecen, en el estrato bajo, las referencias temporales (R5). Ellos hablan de la *temporada* y del *rato*, de la *mañana* y la *noche*; del *viernes*, el *sábado* y el *domingo*; y también se refieren a los *meses*, sobre todo a *diciembre*, *enero*, *febrero*, *mayo* y *junio*. Frente a esto, en el estrato alto —en donde el campo baja al R11— se mencionan sobre todo la *época* y el *momento*.

El rango 6 del estrato bajo lo ocupan las relaciones interpersonales, campo que está en el rango 4 en el estrato alto. Unos —los primeros— hablan del *patrón*, el *dueño*, el *compañero* o el *amigo*; también mencionan con frecuencia al *señor*, al *papá* o al *hermano*; y les interesa el *asunto* de la *boda* y el *novio*, la *ayuda* y la *amistad*. Los que tienen más escolaridad, en cambio, se preocupan por el *matrimonio* y el *marido*, así como por el *aspecto* del *grupo* de amigos o del *colegio* de sus hijos.

En cuanto al esparcimiento, en el estrato bajo (R7) parecen divertirse mucho más que en el alto (R10). Ellos hablan del *baile* y de cuál *conjunto* va a tocar en la *fiesta*; o si no es posible contratar uno, pueden llevar una *guitarra* para cantar algunas *canciones*; también les gusta ir al *cine* y al *juego* de *futbol*. A los más escolarizados, en cambio, les interesa el *deporte* y el *teatro* y, según parece, no van al cine, sino a ver una *película*.

Los lugares naturales más mencionados por el estrato bajo (R9) son el *campo*, el *monte*, el *cerro* y los *terrenos*; además se refieren con frecuencia a los *ríos*, el *mar* y la *playa*. De alguna manera, estos lugares se relacionan con la ocupación (R10) de esas personas, quienes comentan con frecuencia sobre su *trabajo* en la *agricultura*, la *pesca* o la *fábrica* (v. lugares artificiales). Frente a esto, en el estrato alto se habla del *mundo* (lugares naturales, R7) de la *profesión* y de la *industria* (ocupación, R9).

Para terminar la descripción de los campos referenciales, comentaré brevemente los atributos psicológicos más mencionados en los dos estratos. En el alto estos atributos ocupan un rango destacado —el tercero—, mientras que en el bajo descienden hasta el antepenúltimo rango —el catorce—. Según parece, los de abajo hablan poco sobre esto: sólo se refieren al *miedo* y al *cuidado*. Los de arriba, en cambio, aluden con frecuencia a las *ideas*, las *palabras*, los *principios*, los *valores* y la *libertad*.

Conclusiones

Si un sociólogo mexicano leyera el contenido de los campos referenciales no se sorprendería: seguramente corresponden a sus intuiciones y a sus expectativas a partir de lo que espera encontrar conforme a sus propias investigaciones. Probablemente diría que el horizonte del estrato bajo se limita a sus necesidades primarias, a su trabajo en el campo o en la fábrica y a su ambiente cercano; y que el estrato alto, superados esos problemas básicos, puede pensar en la cultura y la educación, no se rige por la época del año y hace planes a más largo plazo. Tal vez le llamarían la atención los conceptos referidos al trabajo, y el hecho de que el estrato bajo, más gregario, parece más interesado en las fiestas que el alto, más individualista[12].

Sin embargo, estas especulaciones no surgen en primera instancia de un estudio sociológico. Su base es otra: se apoyan en la investigación del lenguaje, lo que puede dar pautas que permitan comprender el pensamiento y el modo de ser de las personas, su visión del mundo[13]. Es posible

[12] Las condiciones de trabajo propician el que los obreros trabajen en grupos, lo que no sucede con los gerentes u otros profesionales, que normalmente realizan sus actividades aislados en sus oficinas. Como explica Guy (1988:40-41), "These life experiences should engender class consciousness and an ideology of solidarity and cooperation. But the same cannot be said of certain other groups who are neither capitalists nor industrial workers: managers, professionals, clerical workers —the groups that are commonly called the 'middle class'. These groups benefit more from the system as it is, have more autonomy and flexibility at work, and work in relative isolation. Hence they value an ideology of individualism, and are politically more conservative".

[13] En este sentido son ilustrativas las palabras de Swadesh, quien "siempre reconoció la evidente interacción entre el lenguaje y los factores sociales. Es más, afirmaba que el mismo desarrollo del lenguaje está dirigido por factores sociales [... y] siempre se interesó por la relación y adaptación del vocabulario a los diferentes niveles de cultura" (*apud* Sánchez-Marco 1976:84-85). V. además Kress & Hodge (1979:63-64): "Classification systems do not exist [only] for a whole society; different groupings have different systems, though the differences may be slight. Furthermore, the contingencies of the situations in which individuals meet, and their at times divergent interests, place strains on these classification systems. In this way classification becomes the site of tension and struggle —on one level between individuals, as each tries to impose his or her system on others or gives way to superior power. On another level, the struggle goes on between social, ethnic, national, or racial groupings."

imaginar quién es, cómo es y dónde vive la gente a partir del perfil conceptual que se puede trazar con sus palabras.

Lo anterior confirma la necesidad de establecer un vínculo cada vez más estrecho entre la lingüística y la sociología. Desde un enfoque sociolingüístico, las diferencias entre los dos estratos —sobre lo que tanto se ha discutido desde la lingüística[14]— tampoco deberían sorprendernos. Es evidente —como decía al principio de este trabajo— que no habla igual un intelectual que un obrero. Pero tampoco hablan igual un profesor y un industrial, aunque tengan el mismo nivel de escolaridad. Entre ellos quizá no haya diferencias sintomáticas —sobre lo que ya se ha escrito bastante[15]—, pero seguramente las habrá simbólicas, dado el tipo de ambiente en el que viven cada uno, y las diferentes necesidades comunicativas que esto implica[16].

[14] Como señalan Kress & Hodge (1979:65), "Any argument about the relation between language and class arouses fierce controversy. When a writer claims, as Bernstein has seemed to do, that the possessing class has expropriated the working class of the means to thought as well as of the instruments of material production, working-class forms of language and thought seem to have been disvalued [?]. [...] But no one disputes the differences between working-class and middle-class language within one larger speech community. The only questions to decide concern the function of these differences and their role in a total economic and social order."

[15] Cf. mi n. 2 en la que me refiero a esto a partir de Walters (1988) y Lavandera (1988).

[16] V. la opinión en ese sentido de Saint Martin (1983:380): "O habitus [habitat] possibilita a mediação entre o sistema das estratégias objetivas e o sistema de condutas e práticas diretamente observáveis. Ele constitui *o princípio unificador e generador* de todas as condutas e de todas as estratégias dos membros de una mesma classe ou grupo social —o que torna possível falar de um "habitus pequeño burguês" ou de um "habitus aristocrático". Mais precisamente, *o habitus é operador prático da relação entre as condutas econômicas e a fecundidade* (assim como entre as condições econômicas e as opções escolares: estudios mais

Por otra parte, las diferencias conceptuales que he descrito no pueden considerarse universales. Existen en una sociedad como la mexicana, en la cual son notorias las desigualdades económicas, pero no necesariamente en otros países donde ya se han resuelto por lo menos los problemas básicos de subsistencia para todos los habitantes[17].

La solución no consiste en que unos aprendan el léxico de los otros para "enriquecer su vocabulario" —como propone una sección del *Reader's Digest*— con el afán de buscar *status*: lo van a olvidar, como se olvida toda lengua —y todo léxico— que no se practica. Y para practicar y asimilar los conceptos del estrato alto hay que estar en su ambiente: vivir y pensar como ellos. Además sería necesario tener presente que la lengua también sirve para enajenar. Un estilo grandilocuente y pomposo —como el que se utiliza a veces en el estrato alto— nada dice: es ineficiente para la comunicación pero, no obstante, logra proyectar una imagen de sabiduría en quienes se impresionan

---

ou menos longos, feitos em escolas particulaers ou públicas)." V. además mi n. 13.

[17] Para decirlo con Guy (1988:45), "The social and economic structures of the nations of the 'third world' show several important differences from those that we have been considering [países desarrollados]. One is that most have a comparatively tiny industrial sector, and a proportionately much larger agricultural sector. Socially this means there is a large class of peasants and landless agricultural laborers (most with little or no formal education), and a relatively small industrial working class [...] Linguistically these facts have a number of implications [...] the extremes of class (wealth and poverty) and the ethnic diversity of many areas means that the range of sociolinguistic variation (the degree of difference between standard and nonstandard varieties) is much greater than we are accustomed to working with in the more homogeneous industrial nations."

con los síntomas[18]. En todo caso, habría que asimilar lo positivo y rechazar lo negativo. Por ahora, mientras no cambien las condiciones económicas, la escuela puede ser todavía un camino —a condición de que el objetivo sea apropiarse del otro lenguaje sin olvidar el propio.

Bibliografía

Ávila 1985 = R. Ávila, "La langue espagnole et son enseignement: oppresseurs et opprimés", dans Jacques Maurais (ed.), *La crise des langues* (Québec, Conseil de la Langue Française-Paris, Le Robert), pp. 331-364.

Ávila, 1988 = R. Ávila, "Lengua hablada y estrato social: un acercamiento lexicoestadístico", *Nueva Revista de Filología Hispánica*, México, t. 36, pp. 131-148 [publicado en este mismo libro].

Ávila, 1990 = R. Ávila, "Las palabras de todos y las de cada uno: un análisis estadístico del español hablado en México", en V. de Monte y B. Garza C. (eds.), *Estudios de lingüística de España y México* (México, UNAM-El Colegio de México, 1990), pp. 335-349 [publicado en este mismo libro].

Baldinger 1967 = K. Baldinger, "Structures et systèmes linguistiques", *TLL*, núm. 1, pp. 123-139.

Baldinger 1977 = Kurt Baldinger, *Teoría semántica: hacia una semántica moderna*, 2a ed., corr. y aum., Madrid, Alcalá.

Bernstein 1971 = Basil Bernstein, *Class, codes and control*, Vol. 1: *Theoretical studies towards a sociology of language*, London, Routledge & Kegan Paul.

---

[18] En otro lugar (Ávila 1985:346-347) he comparado textos de una persona con estudios universitarios y de un campesino para mostrar lo que comento. V. asimismo la crítica que hace Labov (1972:179) a este tipo de discurso.

Bühler 1967 = Karl Bühler, *Teoría del lenguaje*, Madrid, Revista de Occidente.

Casares 1959 = Julio Casares, *Diccionario ideológico de la lengua española*, 2ª ed., Barcelona, G. Gili.

Coseriu 1964 = E. Coseriu, "Pour une sémantique diachronique structurale", *TLL*, núm 1, pp. 139-186.

DEM, 1986 = *Diccionario básico del español de México*, dirigido por L. F. Lara, México, El Colegio de México.

Dornseiff 1970 = Franz Dornseiff, *Der deutsche Wortschatz nach Sachgruppen*, 7. Aufl., Berlin, Walter de Gruyter [1. Aufl. 1933].

DRAE, 1984 = Real Academia Española, *Diccionario de la lengua española*, 20ª ed., Madrid, RAE, 2 ts.

Dutch 1962 = Robert A. Dutch, *Roget's Thesaurus of English words and phrases*, new ed. rev. and modernized by..., London, Longmans Green.

Guy, 1988 = G. R. Guy, "Language and social class", en Newmeyer 1988, pp. 37-63.

Halliday 1970 = M. A. K. Halliday, "Language structure and language function", en J. Lyons (ed.), *New horizons in linguistics* (Middlesex, Penguin), pp. 140-165.

Halliday 1978 = M. A. K. Halliday, *Language as social semiotics*, London, Edward Arnold.

Hallig & Wartburg 1963 = Rudolf Hallig & Walther von Wartburg, *Begriffssystem als Grundlage für die Lexikographie = Système raisonné des concepts pour servir de base à la lexicographie. Essay d' un schéma de classement*. 2e. éd. recomposée et augmentée [1a ed 1952], Berlin, Akademie Verlag. (Deutsche Akademie der Wissenschaften zu Berlin).

Heger 1965 = K. Heger, "Les bases méthodologiques de l'onomasiologie et du classement par concepts", *TLL* núm. 1, pp. 7-32.

Hymes 1970 = D. H. Hymes, "The ethnography of speaking", en

J. A. Fishman (ed.), *Readings in the sociology of language*, The Hague, Mouton.

Jakobson 1963 = Roman Jakobson, "Linguistique et poétique", en sus *Essais de linguistique générale*, trad. par N. Ruwet, Paris, Editions du Minui.

Kress & Hodge, 1979 = Kress, Gunther & Robert Hodge, *Language as ideology*, London, Routledge & Kegan Paul.

Labov 1972 = W. Labov, "The logic of non-standard English", en P. Giglioli (ed.), *Language and social context* (London, Penguin), pp. 179-215.

Lavandera 1988 = B. Lavandera, "The study of language in its socio-cultural context", en Newmeyer 1988, pp. 1-13.

Loaeza 1990 = S. Loaeza, "El comportamiento político de las clases medias en la crisis", en Loaeza y Stern 1990, pp. 69-75.

Loaeza y Stern 1990 = Soledad Loaeza y Claudio Stern (comps.), *Las clases medias en la coyuntura actual*, México, El Colegio de México. (*Cuadernos del CES*, 33).

Moliner 1983 = María Moliner, *Diccionario de uso del español*, Madrid, Gredos. 2 ts.

Newmeyer 1988 = Frederick J. Newmeyer (ed.), *Linguistics: the Cambridge Survey*, Vol. 4: *Language: The socio-cultural context*, Cambridge, Cambridge University Press.

Pottier 1964 = B. Pottier, "Vers une sémantique moderne", *TLL* núm 1, pp. 107-137.

Pottier 1965 = B. Pottier, "la définition sémantique dans les dictionnaires", *TLL* núm. 1, pp. 33-39.

Pottier 1967 = B. Pottier, "Présentation de la linguistique: fondements d'une théorie", *TLL* núm 1, pp. 7-60.

Robinson 1978 = W. P. Robinson, *Lenguaje y conducta social*, México, Trillas.

Saint Martin 1983 = M. de Saint Martin, "Habitus de classe e estratégias de reprodução", en N. Lopes Patarra (comp.), *Reproducción de la población y desarrollo*, Vol. 4: *Reproduc-*

ción de la población y dinámica de la sociedad capitalista, São Paulo, Consejo Latinoamericano de Ciencias Sociales.

Sánchez-Marco 1976 = Francisco Sánchez-Marco, *Acercamiento histórico a la sociolingüística*, México, Instituto Nacional de Antropología e Historia.

Stern 1990 = C. Stern, "Notas para la delimitación de las clases medias en México", en Loaeza y Stern 1990, pp. 19-27.

TLL = Travaux de Linguistique et de Littérature, Strasbourg.

Walters 1988 = K. Walters, "Dialectology", en Newmeyer 1988, pp. 119-139.

Tabla 1

Sustantivos del estrato bajo: segmento de frecuencias
30 a 800 ordenado por rangos (=diferencias porcentuales
de frecuencias entre estratos *bajo* y alto)*

A	B	C	D	E	F	G	H
001	1	A	M	chile	st	9600.00	BA
002	1	A	M	tortilla	st	8000.00	BA
003	3	A	M	caña	st	6900.00	BA
004	1	A	M	kilo	st	6400.00	BA
005	4	A	M	caldo	st	5100.00	BA
006	1	A	M	litro	st	4900.00	BA
007	4	A	M	cebolla	st	4800.00	BA
008	1	A	M	gallina	st	4100.00	BA
009	1	A	M	baile	st	3933.33	BA
010	4	A	M	sal	st	3800.00	BA
011	1	A	M	pescado	st	3600.00	BA
012	4	A	M	sopa	st	3600.00	BA
013	4	A	M	pollo	st	3500.00	BA
014	1	A	M	semilla	st	3200.00	BA
015	7	A	M	milpa	st	3100.00	BA
016	4	A	M	molino	st	3100.00	BA
017	4	A	M	manteca	st	3100.00	BA
018	1	A	M	patrón	st	3000.00	BA
019	4	A	M	verdura	st	2800.00	BA
020	1	A	M	tamal	st	2700.00	BA
021	1	A	M	camarón	st	2600.00	BA
022	4	A	M	lata	st	2300.00	BA
023	4	A	M	miel	st	2300.00	BA
024	4	A	M	mole	st	2300.00	BA
025	1	A	M	maíz	st	2283.33	BA
026	1	A	M	carne	st	2280.00	BA
027	4	A	M	ajonjolí	st	2200.00	BA

Tabla 1 (*continuación*)

A	B	C	D	E	F	G	H
028	1	A	M	tienda	st	2150.00	BA
029	4	A	M	junio	st	2000.00	BA
030	1	A	M	plátano	st	1950.00	BA
031	4	A	M	febrero	st	1900.00	BA
032	1	A	M	leche	st	1850.00	BA
033	1	A	M	tomate	st	1733.33	BA
034	1	A	M	huevo	st	1633.33	BA
035	1	A	M	fruta	st	1500.00	BA
036	1	A	M	frijol	st	1483.33	BA
037	4	A	M	moneda	st	1400.00	BA
038	1	A	M	zapato	st	1375.00	BA
039	3	A	M	azúcar	st	1366.67	BA
040	1	A	M	barrio	st	1300.00	BA
041	4	A	M	mitad	st	1300.00	BA
042	1	A	M	agua	st	1205.00	BA
043	1	A	M	hoja	st	1200.00	BA
044	1	A	M	calor	st	1175.00	BA
045	1	A	M	boda	st	1100.00	BA
046	1	A	M	queso	st	1100.00	BA
047	1	A	M	mango	st	1050.00	BA
048	1	A	M	mercado	st	1050.00	BA
049	1	A	0	pedazo	st	1033.33	BA
050	1	A	M	enfermedad	st	1000.00	BA
051	1	A	M	rancho	st	960.00	BA
052	1	A	M	cliente	st	950.00	BA
053	1	A	M	ganado	st	950.00	BA
054	4	A	M	manzana	st	900.00	BA
055	1	A	M	futbol	st	850.00	BA
056	1	A	M	mayo	st	850.00	BA
057	1	A	M	camión	st	816.67	BA

Tabla 1 (*continuación*)

A	B	C	D	E	F	G	H
058	1	A	M	hectárea	st	800.00	BA
059	1	A	M	carro	st	787.50	BA
060	1	A	M	centavo	st	666.67	BA
061	1	A	M	pan	st	650.00	BA
062	1	A	M	palo	st	620.00	BA
063	1	A	M	piedra	st	616.67	BA
064	1	A	M	cena	st	575.00	BA
065	1	A	M	salsa	st	566.67	BA
066	1	A	M	comida	st	550.00	BA
067	1	A	M	fábrica	st	550.00	BA
068	1	A	M	colonia	st	525.00	BA
069	1	A	0	posada	st	520.00	BA
070	1	A	M	precio	st	500.00	BA
071	1	A	M	río	st	444.44	BA
072	1	A	M	policía	st	440.00	BA
073	1	A	M	conjunto	st	433.33	BA
074	1	A	M	pesca	st	400.00	BA
075	1	A	M	masa	st	390.00	BA
076	1	A	M	tierra	st	388.89	BA
077	1	A	M	noche	st	380.00	BA
078	1	A	M	planta	st	375.00	BA
079	1	A	M	diciembre	st	360.00	BA
080	1	A	M	mar	st	342.86	BA
081	1	A	M	feria	st	340.00	BA
082	1	A	M	novio	st	331.25	BA
083	1	A	M	dueño	st	325.00	BA
084	1	A	M	junta	st	325.00	BA
085	1	A	M	cuidado	st	320.00	BA
086	1	A	M	domingo	st	318.75	BA
087	1	A	M	sábado	st	309.09	BA

Tabla 1 (*continuación*)

A	B	C	D	E	F	G	H
088	1	A	M	animal	st	305.26	BA
089	1	A	M	árbol	st	300.00	BA
090	1	A	M	caja	st	300.00	BA
091	1	A	M	carretera	st	300.00	BA
092	1	A	M	enero	st	300.00	BA
093	1	A	M	esquina	st	300.00	BA
094	1	A	M	papel	st	300.00	BA
095	1	A	M	refresco	st	300.00	BA
096	1	A	M	salón	st	300.00	BA
097	1	A	M	peso	st	292.86	BA
098	1	A	M	playa	st	287.50	BA
099	1	A	M	vaca	st	283.33	BA
100	1	A	M	kilómetro	st	280.00	BA
101	1	A	M	fiesta	st	278.79	BA
102	1	A	M	cerro	st	275.00	BA
103	1	A	0	rato	st	273.33	BA
104	1	A	M	puerto	st	266.67	BA
105	1	A	M	toro	st	266.67	BA
106	1	A	M	venta	st	266.67	BA
107	1	A	0	chamaco	st	264.29	BA
108	1	A	M	ropa	st	258.33	BA
109	1	A	M	monte	st	257.14	BA
110	1	A	M	asunto	st	250.00	BA
111	1	A	M	noviembre	st	250.00	BA
112	1	A	M	flor	st	245.45	BA
113	1	A	M	miedo	st	242.86	BA
114	1	A	M	jardín	st	240.00	BA
115	1	A	M	vuelta	st	230.77	BA
116	1	A	M	semana	st	229.41	BA
117	1	A	M	misa	st	228.57	BA

Tabla 1 (*continuación*)

A	B	C	D	E	F	G	H
118	1	A	M	calle	st	228.00	BA
119	1	A	M	mañana	st	220.00	BA
120	1	A	M	oro	st	220.00	BA
121	1	A	M	temporada	st	220.00	BA
122	1	A	M	madera	st	216.67	BA
123	1	A	M	vestido	st	216.67	BA
124	1	A	M	color	st	215.38	BA
125	1	A	M	hermano	st	215.25	BA
126	1	A	M	pueblo	st	209.38	BA
127	1	A	M	mes	st	203.39	BA
128	1	A	M	agricultura	st	200.00	BA
129	1	A	M	canción	st	200.00	BA
130	1	A	M	carga	st	200.00	BA
131	1	A	M	plaza	st	200.00	BA
132	1	A	M	viernes	st	200.00	BA
133	1	A	M	gasto	st	188.89	BA
134	1	A	0	chiquillo	st	187.50	BA
135	1	A	M	señor	st	185.93	BA
136	1	A	M	casa	st	184.38	BA
137	1	A	M	parque	st	175.00	BA
138	1	A	M	presa	st	171.43	BA
139	1	A	M	juego	st	166.67	BA
140	1	A	M	septiembre	st	166.67	BA
141	1	A	M	mano	st	157.14	BA
142	1	A	M	trabajo	st	156.47	BA
143	1	A	M	puerta	st	155.56	BA
144	1	A	M	cine	st	152.38	BA
145	1	A	M	aceite	st	150.00	BA
146	1	A	M	presidente	st	147.37	BA
147	1	A	M	modo	st	145.45	BA

Tabla 1 (*conclusión*)

A	B	C	D	E	F	G	H
148	1	A	M	pie	st	144.44	BA
149	1	A	M	guitarra	st	140.00	BA
150	1	A	M	dinero	st	138.10	BA
151	1	A	M	campo	st	136.67	BA
152	1	A	M	comercio	st	135.71	BA
153	1	A	0	navidad	st	133.33	BA
154	1	A	M	centro	st	131.25	BA
155	1	A	M	gobierno	st	128.57	BA
156	1	A	M	papá	st	127.69	BA
157	1	A	M	producto	st	120.00	BA
158	1	A	M	brazo	st	112.50	BA
159	1	A	M	cabeza	st	111.11	BA
160	1	A	M	fuerza	st	111.11	BA
161	1	A	M	amigo	st	109.30	BA
162	1	A	M	equipo	st	108.33	BA
163	1	A	M	permiso	st	108.33	BA
164	1	A	M	terreno	st	107.69	BA
165	1	A	M	compañero	st	105.56	BA
166	1	A	M	amistad	st	100.00	BA
167	1	A	M	ayuda	st	100.00	BA
168	1	A	M	cuadro	st	100.00	BA
169	1	A	M	sueldo	st	100.00	BA

* *Explicación*: A) rango.— B) dispersión de uso del vocablo entre los estratos: 1 alto-medio-bajo, 2 alto-medio (sin frecuencias en el *corpus* que aquí analizo), 3 alto-bajo, 4 medio-bajo, 5 alto (sin frecuencias en el *corpus*), 6 medio (no se considera), 7 bajo; para una descripción más detallada v. Ávila (1990).— C) Fuente A (DRAE 1984).— D) Fuente M (DEM 1986).— E) Vocablo.— F) Clase de palabra (sólo sustantivos).— G) Crecimiento porcentual del estrato.— H) Estrato donde se observa el crecimiento porcentual (BA: bajo con respecto al alto; AB: alto con respecto al bajo); v. además mi n. 6.

Tabla 2
Sustantivos del estrato alto: segmento de frecuencias
30 a 800 ordenado por rangos (=diferencias porcentuales
de frecuencias entre estratos *alto* y bajo)*

A	B	C	D	E	F	G	H
001	1	A	M	cultura	st	4400.00	AB
002	1	A	M	aspecto	st	2500.00	AB
003	1	A	M	serie	st	2500.00	AB
004	1	A	M	valor	st	2300.00	AB
005	1	A	M	profesión	st	1900.00	AB
006	1	A	M	país	st	1500.00	AB
007	1	A	M	curso	st	1450.00	AB
008	1	A	M	obra	st	920.00	AB
009	1	A	M	educación	st	850.00	AB
010	1	A	M	sala	st	800.00	AB
011	1	A	M	sistema	st	750.00	AB
012	1	A	M	estrella	st	680.00	AB
013	1	A	M	historia	st	640.00	AB
014	1	A	M	idea	st	620.00	AB
015	1	A	M	interés	st	600.00	AB
016	1	A	M	médico	st	571.43	AB
017	1	A	M	dato	st	450.00	AB
018	1	A	M	arte	st	433.33	AB
019	1	A	M	examen	st	400.00	AB
020	1	A	M	tema	st	400.00	AB
021	1	A	M	ventaja	st	375.00	AB
022	1	A	M	oportunidad	st	360.00	AB
023	1	A	M	parto	st	360.00	AB
024	1	A	M	materia	st	342.86	AB
025	1	A	M	universidad	st	335.29	AB
026	1	A	M	competencia	st	320.00	AB
027	1	A	M	dirección	st	300.00	AB

Tabla 2 (*continuación*)

A	B	C	D	E	F	G	H
028	1	A	M	estudiante	st	300.00	AB
029	1	A	M	momento	st	300.00	AB
030	1	A	M	movimiento	st	300.00	AB
031	1	A	M	mundo	st	286.67	AB
032	1	A	M	nivel	st	285.71	AB
033	1	A	M	instituto	st	280.00	AB
034	1	A	M	realidad	st	276.92	AB
035	1	A	M	conocimiento	st	266.67	AB
036	1	A	M	palabra	st	266.67	AB
037	1	A	M	secretaría	st	266.67	AB
038	1	A	M	grupo	st	261.11	AB
039	1	A	M	estudio	st	258.33	AB
040	1	A	M	película	st	255.56	AB
041	1	A	M	práctica	st	250.00	AB
042	1	A	M	ambiente	st	242.86	AB
043	1	A	M	director	st	233.33	AB
044	1	A	M	tipo	st	228.00	AB
045	1	A	M	prueba	st	225.00	AB
046	1	A	M	matrimonio	st	210.00	AB
047	1	A	0	millón	st	200.00	AB
048	1	A	M	época	st	186.67	AB
049	1	A	M	marido	st	185.71	AB
050	1	A	M	sociedad	st	180.00	AB
051	1	A	M	alumno	st	171.43	AB
052	1	A	M	pintura	st	171.43	AB
053	1	A	M	plan	st	170.00	AB
054	1	A	M	teatro	st	166.67	AB
055	1	A	M	libro	st	160.00	AB
056	1	A	M	libertad	st	150.00	AB
057	1	A	M	deporte	st	141.67	AB

Tabla 2 (*conclusión*)

A	B	C	D	E	F	G	H
058	1	A	M	político	st	133.33	AB
059	1	A	M	industria	st	128.57	AB
060	1	A	M	voz	st	120.41	AB
061	1	A	M	aparato	st	120.00	AB
062	1	A	M	manera	st	107.69	AB
063	1	A	M	colegio	st	100.00	AB
064	1	A	M	principio	st	100.00	AB
065	1	A	M	programa	st	100.00	AB

* Véase explicación en la nota de la tabla 1, p. 83.

Tabla 3
Campos referenciales y atributos: estratos alto y bajo
(Para la descripción de las columnas v. n. en p.83, al final de la Tabla 1)

A	B	C	D	E	F	G	H	notas
A. SER HUMANO								
A.1. *Atributos psicológicos y valores*								
Bajo								
113	1	A	M	miedo	st	242.86	BA	
085	1	A	M	cuidado	st	320.00	BA	
Alto								
014	1	A	M	idea	st	620.00	AB	
036	1	A	M	palabra	st	266.67	AB	expresión, pensamiento*
064	1	A	M	principio	st	100.00	AB	inicio, motivo
056	1	A	M	libertad	st	150.00	AB	
004	1	A	M	valor	st	2300.00	AB	virtud, peso, medida
A.2. *Cuerpo*								
Bajo								
159	1	A	M	cabeza	st	111.11	BA	
158	1	A	M	brazo	st	112.50	BA	
141	1	A	M	mano	st	157.14	BA	
148	1	A	M	pie	st	144.44	BA	

* En este y en otros casos se precisan, cuando resulta necesario, algunas de las acepciones; también se dan los términos equivalentes en probables mexicanismos.

Tabla 3 (*Continuación*)

A	B	C	D	E	F	G	H	notas
160	1	A	M	fuerza	st	111.11	BA	
050	1	A	M	enfermedad	st	1000.00	BA	
Alto								
060	1	A	M	voz	st	120.41	AB	
023	1	A	M	parto	st	360.00	AB	
A.3. *Necesidades*								
A.3.1. Alimento								
Bajo								
001	1	A	M	chile	st	9600.00	BA	ají
002	1	A	M	tortilla	st	8000.00	BA	…de maíz
005	4	A	M	caldo	st	5100.00	BA	
012	4	A	M	sopa	st	3600.00	BA	
020	1	A	M	tamal	st	2700.00	BA	empanada de masa de maíz
024	4	A	M	mole	st	2300.00	BA	guisado, especie de salsa
042	1	A	M	agua	st	1205.00	BA	
095	1	A	M	refresco	st	300.00	BA	bebida fría, gaseosa
019	4	A	M	verdura	st	2800.00	BA	
007	4	A	M	cebolla	st	4800.00	BA	
033	1	A	M	(ji)tomate	st	1733.33	BA	
025	1	A	M	maíz	st	2283.33	BA	

Tabla 3 (*Continuación*)

A	B	C	D	E	F	G	H	notas
036	1	A	M	frijol	st	1483.33	BA	especie de alubia
010	4	A	M	sal	st	3800.00	BA	
039	3	A	M	azúcar	st	1366.67	BA	
066	1	A	M	comida	st	550.00	BA	
064	1	A	M	cena	st	575.00	BA	
026	1	A	M	carne	st	2280.00	BA	
008	1	A	M	gallina	st	4100.00	BA	
013	4	A	M	pollo	st	3500.00	BA	
034	1	A	M	huevo	st	1633.33	BA	
138	1	A	M	presa	st	171.43	BA	pedazo de carne, construcción
011	1	A	M	pescado	st	3600.00	BA	
021	1	A	M	camarón	st	2600.00	BA	crustáceo pequeño
032	1	A	M	leche	st	1850.00	BA	
046	1	A	M	queso	st	1100.00	BA	
061	1	A	M	pan	st	650.00	BA	
145	1	A	M	aceite	st	150.00	BA	
017	4	A	M	manteca	st	3100.00	BA	
035	1	A	M	fruta	st	1500.00	BA	
030	1	A	M	plátano	st	1950.00	BA	
047	1	A	M	mango	st	1050.00	BA	

Tabla 3 (*Continuación*)

A	B	C	D	E	F	G	H	notas
054	4	A	M	manzana	st	900.00	BA	
065	1	A	M	salsa	st	566.67	BA	
075	1	A	M	masa	st	390.00	BA	
027	4	A	M	ajonjolí	st	2200.00	BA	
023	4	A	M	miel	st	2300.00	BA	
124	1	A	M	color	st	215.38	BA	dar... a los alimentos

Alto
cero

A.3.2. *Vestido*

Bajo

A	B	C	D	E	F	G	H	notas
123	1	A	M	vestido	st	216.67	BA	
108	1	A	M	ropa	st	258.33	BA	
038	1	A	M	zapato	st	1375.00	BA	

Alto
cero

B. SOCIEDAD

B.1. *Instituciones y funciones*

Bajo

A	B	C	D	E	F	G	H	notas
117	1	A	M	misa	st	228.57	BA	
084	1	A	M	junta	st	325.00	BA	

Tabla 3 (*Continuación*)

A	B	C	D	E	F	G	H	notas
146	1	A	M	presidente	st	147.37	BA	
155	1	A	M	gobierno	st	128.57	BA	
Alto								
050	1	A	M	sociedad	st	180.00	AB	
006	1	A	M	país	st	1500.00	AB	
037	1	A	M	secretaría	st	266.67	AB	

B.2. *Cultura y educación*
Bajo
cero

A	B	C	D	E	F	G	H	notas
Alto								
001	1	A	M	cultura	st	4400.00	AB	
009	1	A	M	educación	st	850.00	AB	
035	1	A	M	conocimiento	st	266.67	AB	
039	1	A	M	estudio	st	258.33	AB	
018	1	A	M	arte	st	433.33	AB	clases de…
008	1	A	M	obra	st	920.00	AB	libro, edificio, acto.
025	1	A	M	universidad	st	335.29	AB	
033	1	A	M	instituto	st	280.00	AB	
063	1	A	M	colegio	st	100.00	AB	

Tabla 3 (*Continuación*)

A	B	C	D	E	F	G	H	notas
055	1	A	M	libro	st	160.00	AB	
051	1	A	M	alumno	st	171.43	AB	
028	1	A	M	estudiante	st	300.00	AB	
013	1	A	M	historia	st	640.00	AB	
052	1	A	M	pintura	st	171.43	AB	…artística, tinte
007	1	A	M	curso	st	1450.00	AB	materia escolar periódica
065	1	A	M	programa	st	100.00	AB	
019	1	A	M	examen	st	400.00	AB	
024	1	A	M	materia	st	342.86	AB	tema escolar
020	1	A	M	tema	st	400.00	AB	
045	1	A	M	prueba	st	225.00	AB	examen, demostración
017	1	A	M	dato	st	450.00	AB	
053	1	A	M	plan	st	170.00	AB	proyecto
003	1	A	M	serie	st	2500.00	AB	
011	1	A	M	sistema	st	750.00	AB	
032	1	A	M	nivel	st	285.71	AB	
044	1	A	M	tipo	st	228.00	AB	

B.3. *Relaciones interpersonales*

Bajo

A	B	C	D	E	F	G	H	notas
018	1	A	M	patrón	st	3000.00	BA	jefe

Tabla 3 (*Continuación*)

A	B	C	D	E	F	G	H	notas
083	1	A	M	dueño	st	325.00	BA	
165	1	A	M	compañero	st	105.56	BA	
161	1	A	M	amigo	st	109.30	BA	
135	1	A	M	señor	st	185.93	BA	
107	1	A	0	chamaco	st	264.29	BA	muchacho
134	1	A	0	chiquillo	st	187.50	BA	
156	1	A	M	papá	st	127.69	BA	
125	1	A	M	hermano	st	215.25	BA	
162	1	A	M	equipo	st	108.33	BA	
045	1	A	M	boda	st	1100.00	BA	
082	1	A	M	novio	st	331.25	BA	
110	1	A	M	asunto	st	250.00	BA	
163	1	A	M	permiso	st	108.33	BA	
167	1	A	M	ayuda	st	100.00	BA	
147	1	A	M	modo	st	145.45	BA	
166	1	A	M	amistad	st	100.00	BA	
Alto								
046	1	A	M	matrimonio	st	210.00	AB	
038	1	A	M	grupo	st	261.11	AB	
049	1	A	M	marido	st	185.71	AB	

Tabla 3 (*Continuación*)

A	B	C	D	E	F	G	H	notas
002	1	A	M	aspecto	st	2500.00	AB	
062	1	A	M	manera	st	107.69	AB	

B.4. *Esparcimiento*

Bajo

A	B	C	D	E	F	G	H	notas
009	1	A	M	baile	st	3933.33	BA	
101	1	A	M	fiesta	st	278.79	BA	
073	1	A	M	conjunto	st	433.33	BA	orquesta pequeña
149	1	A	M	guitarra	st	140.00	BA	
129	1	A	M	canción	st	200.00	BA	
144	1	A	M	cine	st	152.38	BA	
069	1	A	0	posada	st	520.00	BA	fiesta navideña
139	1	A	M	juego	st	166.67	BA	
055	1	A	M	futbol	st	850.00	BA	

Alto

A	B	C	D	E	F	G	H	notas
057	1	A	M	deporte	st	141.67	AB	
054	1	A	M	teatro	st	166.67	AB	
040	1	A	M	película	st	255.56	AB	

Tabla 3 (*Continuación*)

A	B	C	D	E	F	G	H	notas
C. OCUPACIÓN								
Bajo								
142	1	A	M	trabajo	st	156.47	BA	
128	1	A	M	agricultura	st	200.00	BA	
074	1	A	M	pesca	st	400.00	BA	
015	7	A	M	milpa	st	3100.00	BA	siembra de maíz
058	1	A	M	hectárea	st	800.00	BA	
Alto								
005	1	A	M	profesión	st	1900.00	AB	
059	1	A	M	industria	st	128.57	AB	
C.1. *Servicios*								
Bajo								
048	1	A	M	mercado	st	1050.00	BA	
152	1	A	M	comercio	st	135.71	BA	
028	1	A	M	tienda	st	2150.00	BA	
081	1	A	M	feria	st	340.00	BA	mercado temporal grande
106	1	A	M	venta	st	266.67	BA	
157	1	A	M	producto	st	120.00	BA	
052	1	A	M	cliente	st	950.00	BA	
070	1	A	M	precio	st	500.00	BA	

Tabla 3 (*Continuación*)

A	B	C	D	E	F	G	H	notas
133	1	A	M	gasto	st	188.89	BA	
120	1	A	M	oro	st	220.00	BA	joya, moneda de…
150	1	A	M	dinero	st	138.10	BA	
037	4	A	M	moneda	st	1400.00	BA	
097	1	A	M	peso	st	292.86	BA	
060	1	A	M	centavo	st	666.67	BA	
004	1	A	M	kilo	st	6400.00	BA	
006	1	A	M	litro	st	4900.00	BA	
041	4	A	M	mitad	st	1300.00	BA	de comida, trabajo, gasto
049	1	A	0	pedazo	st	1033.33	BA	
130	1	A	M	carga	st	200.00	BA	
072	1	A	M	policía	st	440.00	BA	
169	1	A	M	sueldo	st	100.00	BA	
Alto								
058	1	A	M	político	st	133.33	AB	
043	1	A	M	director	st	233.33	AB	
016	1	A	M	médico	st	571.43	AB	
026	1	A	M	competencia	st	320.00	AB	
022	1	A	M	oportunidad	st	360.00	AB	

Tabla 3 (*Continuación*)

A	B	C	D	E	F	G	H	notas
021	1	A	M	ventaja	st	375.00	AB	
041	1	A	M	práctica	st	250.00	AB	
015	1	A	M	interés	st	600.00	AB	utilidad, ganancia
047	1	A	0	millón	st	200.00	AB	

D. ENTORNO
Bajo
cero
Alto

A	B	C	D	E	F	G	H	notas
042	1	A	M	ambiente	st	242.86	AB	
034	1	A	M	realidad	st	276.92	AB	
030	1	A	M	movimiento	st	300.00	AB	

D.1. *Lugares naturales*
Bajo

A	B	C	D	E	F	G	H	notas
151	1	A	M	campo	st	136.67	BA	
109	1	A	M	monte	st	257.14	BA	
102	1	A	M	cerro	st	275.00	BA	
164	1	A	M	terreno	st	107.69	BA	
071	1	A	M	río	st	444.44	BA	
080	1	A	M	mar	st	342.86	BA	

Tabla 3 (*Continuación*)

A	B	C	D	E	F	G	H	notas
098	1	A	M	playa	st	287.50	BA	
Alto								
012	1	A	M	estrella	st	680.00	AB	
031	1	A	M	mundo	st	286.67	AB	

D.2. Lugares artificiales

A	B	C	D	E	F	G	H	notas
Bajo								
126	1	A	M	pueblo	st	209.38	BA	
131	1	A	M	plaza	st	200.00	BA	
154	1	A	M	centro	st	131.25	BA	lugar de pueblo o ciudad
137	1	A	M	parque	st	175.00	BA	
040	1	A	M	barrio	st	1300.00	BA	
068	1	A	M	colonia	st	525.00	BA	
114	1	A	M	jardín	st	240.00	BA	
118	1	A	M	calle	st	228.00	BA	
093	1	A	M	esquina	st	300.00	BA	
115	1	A	M	vuelta	st	230.77	BA	
091	1	A	M	carretera	st	300.00	BA	
100	1	A	M	kilómetro	st	280.00	BA	
016	4	A	M	molino	st	3100.00	BA	

Tabla 3 (*Continuación*)

A	B	C	D	E	F	G	H	notas
067	1	A	M	fábrica	st	550.00	BA	
051	1	A	M	rancho	st	960.00	BA	
104	1	A	M	puerto	st	266.67	BA	
136	1	A	M	casa	st	184.38	BA	
096	1	A	M	salón	st	300.00	BA	
Alto								
027	1	A	M	dirección	st	300.00	AB	oficina del director, domicilio
010	1	A	M	sala	st	800.00	AB	

E. TIEMPO
E.1. *Referencias temporales*
Bajo

A	B	C	D	E	F	G	H
121	1	A	M	temporada	st	220.00	BA
103	1	A	0	rato	st	273.33	BA
119	1	A	M	mañana	st	220.00	BA
077	1	A	M	noche	st	380.00	BA
116	1	A	M	semana	st	229.41	BA
132	1	A	M	viernes	st	200.00	BA
087	1	A	M	sábado	st	309.09	BA
086	1	A	M	domingo	st	318.75	BA

Tabla 3 (*Continuación*)

A	B	C	D	E	F	G	H	notas
127	1	A	M	mes	st	203.39	BA	
153	1	A	0	navidad	st	133.33	BA	
079	1	A	M	diciembre	st	360.00	BA	
092	1	A	M	enero	st	300.00	BA	
031	4	A	M	febrero	st	1900.00	BA	
056	1	A	M	mayo	st	850.00	BA	
029	4	A	M	junio	st	2000.00	BA	
140	1	A	M	septiembre	st	166.67	BA	
111	1	A	M	noviembre	st	250.00	BA	
Alto								
048	1	A	M	época	st	186.67	AB	
029	1	A	M	momento	st	300.00	AB	

F. ELEMENTOS (OBJETOS, ANIMALES)
F.1. *Naturales*
Bajo

A	B	C	D	E	F	G	H	notas
053	1	A	M	ganado	st	950.00	BA	
105	1	A	M	toro	st	266.67	BA	
099	1	A	M	vaca	st	283.33	BA	

Tabla 3 (*Continuación*)

A	B	C	D	E	F	G	H	notas
088	1	A	M	animal	st	305.26	BA	
078	1	A	M	planta	st	375.00	BA	
089	1	A	M	árbol	st	300.00	BA	
014	1	A	M	semilla	st	3200.00	BA	
043	1	A	M	hoja	st	1200.00	BA	
112	1	A	M	flor	st	245.45	BA	
122	1	A	M	madera	st	216.67	BA	
062	1	A	M	palo	st	620.00	BA	
003	3	A	M	caña	st	6900.00	BA	
076	1	A	M	tierra	st	388.89	BA	
063	1	A	M	piedra	st	616.67	BA	
044	1	A	M	calor	st	1175.00	BA	

Alto

cero

F.2. *Artificiales*

Bajo

A	B	C	D	E	F	G	H	notas
022	4	A	M	lata	st	2300.00	BA	recipiente metálico
090	1	A	M	caja	st	300.00	BA	
057	1	A	M	camión	st	816.67	BA	
059	1	A	M	carro	st	787.50	BA	

Tabla 3 (*Conclusión*)

A	B	C	D	E	F	G	H
143	1	A	M	puerta	st	155.56	BA
094	1	A	M	papel	st	300.00	BA
168	1	A	M	cuadro	st	100.00	BA
Alto							
061	1	A	M	aparato	st	120.00	AB

Tabla 4
Campos referenciales considerados unitariamente: ordenacion por rangos para el estrato *alto**

R	A	B	C	
1	1.14	26	B.2.	Cultura, educación
2	3.57	9	C.1.	Servicios
3	6.96	5	A.1.	Atributos psicol.
4	7.88	5	B.3.	Relacs. interpers.
5	9.25	2	D.2.	Lugares artifics.
6	10.33	3	B.1.	Instituciones
7	10.75	2	D.1.	Lugares naturales
8	11.78	3	D.	ENTORNO
9	16.00	2	C.	OCUPACIÓN
10	16.78	3	B.4.	Esparcimiento
11	19.25	2	E.1.	Refs. temporales
12	20.75	2	A.2.	Cuerpo y atribs.
13	61.00	1	F.2.	Elems. artifics.
14	00.00	0	F.1.	Elems. naturales
14	00.00	0	A.3.2.	Vestido
14	00.00	0	A.3.1.	Alimento

* *Explicación*: *R)* Número progresivo del rango *A)* Rango calculado por campo referencial (Rango promedio *entre* núm. de vocablos); *B)* Número de vocablos por campo referencial; *C)* Número de código y nombre del campo referencial (V. tabla 3). OBSERVACIÓN: cuando un campo no tuvo vocablos lo considero del rango más bajo (=rango 00.00).

Tabla 5

Campos referenciales considerados unitariamente:
ordenacion por rangos para el estrato bajo*

R	A	B	C	
1	1.06	38	A.3.1.	Alimento
2	4.00	21	C.1.	Servicios
3	4.67	15	F.1.	Elems naturales
4	5.42	18	D.2.	Lugares artifics
5	5.74	17	E.1.	Refs temporales
6	7.36	17	B.3.	Relacs interpers
7	10.72	9	B.4.	Esparcimiento
8	12.92	7	F.2.	Elems artifics
9	15.82	7	D.1.	Lugares naturales
10	16.68	5	C.	OCUPACIÓN
11	22.67	6	A.2.	Cuerpo y atribs
12	29.89	3	A.3.2.	Vestido
13	31.38	4	B.1.	Instituciones
14	49.50	2	A.1.	Atributos psicol
15	00.00	0	D.	ENTORNO
15	00.00	0	B.2.	Cultura educación

* Véase explicación en la nota de la Tabla 4, p. 103.

SOCIOSEMÁNTICA:
REFERENTES VERBALES Y ESTRATIFICACIÓN
SOCIAL EN EL ESPAÑOL DE MÉXICO

Para empezar

En una investigación previa (Ávila 1991: "Sobre semántica social...", incluido en este libro) me referí a un viaje por la República Mexicana en el cual se sostuvieron conversaciones con personas de diferente condición social, diferente sexo y diferentes edades, todas adultas. Estas personas habían nacido en las localidades donde fueron entrevistadas: pueblos o ciudades que tenían por lo menos un siglo de haber sido fundados. Esos diferentes lugares estaban ubicados en una gran diversidad de regiones: en las montañas, los valles, las costas y los desiertos; en el norte, el centro y el sur del país; en el altiplano y en las tierras bajas.

Las entrevistas, en las que intervenía un investigador y uno o dos informantes, fueron grabadas para analizarlas posteriormente. El tema, en todos los casos, fue libre o circunstancial, de acuerdo fundamentalmente con lo que le interesaba al entrevistado. Participé en un buen número de ellas, y por eso me quedan los ecos de aquellas conversaciones que ahora, pasado el tiempo, pretendo recuperar. ¿Cómo hacerlo? Por supuesto, las grabaciones no fueron hechas para esos fines, sino para recoger materiales —sobre todo de tipo fonético y sintáctico— que se usarían en el *Atlas lingüístico de México* (1990). Sin embargo, ese propósito original, más que resultar contrario a lo que ahora pretendo hacer, me pareció incluso conveniente: de esa manera las grabaciones no resultaban sesgadas o encauzadas a encontrar algo que se buscara previamente: al contrario, podrían considerarse en ese sentido más objetivas[1].

En la investigación a la que he hecho referencia (Ávila 1991) recogí los sustantivos de uso más frecuente en dos estratos sociales suficientemente contrastados: el alto y el bajo[2]. Lo hice así por razones metodológicas. Este tipo de análisis no parece tener antecedentes. En general los estudios sociolingüísticos empíricos han atendido a variantes

[1] Con el mismo corpus que ahora utilizo hice también otras investigaciones para las cuales no fue planificado. Cf. Ávila 1988 para un estudio lexicoestadístico de los tres estratos sociales, y Ávila 1990 para una caracterización del vocabulario de los mismos estratos por fuentes y por filiación.

[2] Como señalo en Ávila 1991:279 n., "el estrato bajo incluye personas con poca o ninguna escolarización que son trabajadores manuales asalariados o campesinos pobres; el estrato alto está formado por personas con estudios universitarios o equivalentes que son o podrían ser líderes de opinión en su comunidad, como profesores, políticos o intelectuales (todos asalariados no manuales), y que podrían ser considerados como el modelo del habla prestigiosa en el nivel local [...] El estrato alto se consideró en relación con los otros dos en cada pueblo o ciudad donde se hicieron las entrevistas. Normalmente este estrato estaría incluido en la clase media nacional. V. para esto las descripciones que hacen —a propósito de la delimitación de la clase media— Stern (1990:20 *ss*) de acuerdo con la ocupación de los individuos; Loaeza (1990:69 *ss*), a partir del comportamiento; y otros investigadores (Loaeza y Stern 1990)."

[3] En opinión de Walters (1988:120 *ss*), la sociolingüística o dialectología urbana se ha apoyado en las variaciones sintomáticas para establecer las variables y las diferencias entre los estratos sociales. V. asimismo un panorama extenso de este tipo de estudios en Lavandera 1988.

[4] Es decir, variantes relacionadas con la función simbólica, represen-

de forma[3], y no de contenido[4]. Es verdad que algunos investigadores hacen inferencias sobre otros aspectos de tipo conceptual, pero basados en análisis cuantitativos de datos formales, sin llegar al estudio de los contenidos[5]. Por eso resultaba necesario partir de hipótesis con sustento fuerte: esperaba —y comprobé, en el caso de los sustantivos (v. Ávila 1991)— que entre esos dos estratos había diferencias conceptuales suficientes para establecer una caracterización sociosemántica significativa.

Al analizar los sustantivos me formulé varias preguntas que estuvieron siempre implícitas a lo largo de la investigación: ¿Qué dijeron? ¿De qué hablaron los informantes? Las que me hago ahora para los verbos explícitamente son: ¿Qué hicieron o qué hacían las personas entrevistadas? ¿De qué acciones o procesos hablaron?

Para la comparación social de los referentes verbales seleccioné, de nuevo, los dos estratos socialmente más diferenciados: el alto y el bajo, por las mismas razones que antes he expuesto.

En este segundo ensayo metodológico intento afinar el procedimiento. Parto una vez más de la hipótesis de que, si los dos estratos sociales tienen diferente tipo de actividades e intereses, deberán reflejarse en el empleo que hagan del lenguaje y, específicamente, de los verbos en cuanto a sus

---

tativa o referencial, conforme la plantean Bühler (1967:69 *ss*) y Jakobson (1963:214). Equivale a la que Halliday (1970:19-20) llamó función ideacional. V. además mi art. "Sobre semántica social…" (en este mismo libro), n. 2, para otras referencias bibliográficas.

[5] Pienso sobre todo en las consideraciones que hacen Bernstein (1971) o Labov (1972) sobre el lenguaje. Ellos infieren e interpretan aspectos del contenido, pero no parecen sustentar sus opiniones sobre datos estadísticos del mismo.

[6] En las formulaciones de Bourdieu sobre la distinción (1979) está

frecuencias y sus referentes o contenidos[6]. Considero asimismo que el análisis, cuantitativo en un primer momento, puede mostrar diferencias semánticas que apunten a aspectos cualitativos. Además trato de relacionar los verbos con los sustantivos previamente estudiados.

Recopilación de datos

El procedimiento, descrito brevemente, fue el siguiente. Partí de 205 entrevistas grabadas que posteriormente fueron transcritas en computadora[7]. Tras esto se analizaron utilizando un programa de cómputo diseñado específicamente para esos fines (Ávila 1992). Mediante ese programa se asociaron las palabras gráficas a sus tipos —palabras diferentes del *corpus*— y estos a sus respectivos vocablos o lemas. Así se recopilaron automáticamente los vocablos correspondientes a los verbos, junto con sus frecuencias.

De las entrevistas se obtuvieron cerca de 430 000 palabras gráficas, 23 500 tipos y 9 309 vocablos (cf. Ávila 1990:43). De estos, 5 195 fueron sustantivos. Los verbos llegaron a 1912, los cuales, de acuerdo con la lista que se produjo, iban de una frecuencia máxima de más de 4 000 ocurrencias —como *ser*, *haber*, *ir*, *decir*, *estar* y *tener*— hasta una mínima de una presentación —como ocurrió con *abogar*, *abstraer*, *suscitar*, *teorizar*, *semejar* y *saturar*, y otros verbos más, sobre todo del estrato alto.

---

presente la posibilidad de atribuir referentes verbales diferentes a grupos sociales diferenciados. La distinción en su dimensión social sin duda se manifiesta en el uso del lenguaje. Véase asimismo lo que dice en ese sentido Guy (1988).

[7] Para una descripción detallada de las entrevistas, y del número, sexo y edad de los informantes, v. Ávila (1988:17 *ss* y *nn*.).

Para escoger los verbos que tuvieran diferencias estadísticamente significativas entre los estratos, seleccioné de la lista sólo aquellos que estuvieran en un rango de frecuencias que iba de 20 a 800[8]. De esta manera, al igual que hice con los sustantivos, omití los verbos de frecuencias altas y bajas[9]. Dentro de ese rango medio se encontraron 243 verbos que se usaban tanto en el estrato alto como en el bajo[10], aunque con frecuencias diferentes.

A continuación, de nuevo mediante procesos de cómputo[11], se escogieron, dentro de ese grupo, sólo aquellos verbos en los cuales cualquiera de los dos estratos superaba al otro en un 100% o más de frecuencias. Es decir, si en un estrato un verbo cualquiera apareció, por ejemplo, 10 veces, debió presentarse por lo menos 20 veces en el otro para ser considerado. Bajo esas condiciones la lista se redujo a 145 verbos. Sin embargo, dado que en el estrato alto se obtuvieron sólo 36 verbos en esa situación, para hacer una comparación homogénea fue necesario seleccionar también únicamente 36 verbos del estrato bajo, los de más alta frecuencia[12].

---

[8] Para el análisis de los sustantivos utilicé los que iban de 30 a 800 frecuencias, ya que —como indiqué supra— eran más abundantes que los verbos. Cf. Ávila (1991:62 *ss*).

[9] Los verbos de alta frecuencia no parecen adecuados para encontrar diferencias significativas entre los estratos, ya que su uso es tan común que resulta poco contrastante. Los de baja frecuencia tampoco resultan convenientes porque su empleo puede deberse al azar.

[10] Muchos de esos verbos también aparecieron en el estrato medio, que no he considerado en esta investigación. Sin embargo, las frecuencias de ese estrato sí fueron tomadas en cuenta para formar las listas que menciono. V. mis anexos 1 y 2.

[11] Para todos esos trabajos, así como para los análisis estadísticos, tuve la ayuda de Virgina Levín, de El Colegio de México. Agradezco ampliamente su apoyo.

[12] En otras palabras, de los 145 verbos, 109 del estrato bajo llenaban

Tras analizar cerca de 4000 contextos de esos 72 verbos[13], se establecieron las acepciones[14], que se redactaron en forma esquemática, sólo para que sirvieran como indicación para el lector. Esas acepciones fueron ordenadas según sus frecuencias (ver anexos 1 y 2)[15]. Se incluyeron, a modo de ilustración, hasta un máximo de 3 acepciones, cuando la variedad y la frecuencia de las mismas así lo requería. Sin embargo, es importante destacar que los análisis que presento a continuación se basan en la acepción 1[16], la más frecuente de cada verbo en el estrato en el cual se usó asimismo más frecuentemente el vocablo.

En principio elaboré una clasificación general, conforme a lo que había hecho previamente con los sustantivos, basada en la posibilidad de que los procesos fueran o no perceptibles por los sentidos[17]. Más adelante, de nuevo a partir del análisis de las acepciones, hice una clasificación

---

las condiciones, y sólo 36 del alto. Por eso tomé la totalidad de los verbos que se recogieron en este estrato, y los comparé con los primeros 36 (los más frecuentes) del estrato bajo, del cual excluí los verbos que iban del rango 37 al 109 (73 verbos).

[13] Para esto conté con el apoyo de Gerardo Aguilar, de El Colegio de México, a quien agradezco su acuciosidad y sus comentarios sobre la clasificación semántica de cada uno de esos verbos.

[14] Además, para precisar los significados utilizamos como testigos sobre todo los diccionarios siguientes: Casares (1959), Moliner (1983), DRAE (1984, 1992), y DEM (1986).

[15] Cabe señalar que, como puede verse en las citadas tablas 1 y 2, algunas de las acepciones tenían frecuencias diferentes en cada estrato social. Además hubo casos en que un estrato utilizaba el mismo vocablo con una acepción distinta a la que se empleó en el otro. Véase mi n. 27.

[16] Unos pocos verbos fueron difíciles de clasificar. En estas circunstancias recurrí de nuevo a los contextos para reconstruir las situaciones comunicativas en las que se había utilizado el vocablo y determinar así su clasificación.

[17] Lo mismo que hice con los sustantivos: Cf. Ávila (1991:65 *ss*).

más específica de los verbos en lo que he llamado *campos referenciales*[18]. Estos campos corresponden a asociaciones semánticas en las cuales hay conceptos semejantes y comparables, pero no en oposiciones tan estrechamente relacionadas como las que componen un campo semántico de tipo onomasiológico o semasiológico[19]. Los campos referenciales surgen *a posteriori* de las acepciones de los vocablos que se recopilaron mediante el procedimiento estadístico antes descrito. En esos campos deben poderse incluir, forzosamente, todos los verbos objeto del análisis. Además es indispensable utilizar las mismas categorías semánticas para analizar los referentes verbales de los dos estratos que estudio, de manera que sea posible la comparación.

Perceptible versus *no perceptible*

De acuerdo con los contextos y las situaciones que de ellos se inferían, en el estrato bajo se consideraron no perceptibles los siguientes verbos: *nombrar, alcanzar, acostumbrar, andar* y *durar*. Frente a estos, se clasificaron como sí perceptibles, en el mismo estrato bajo: *comer, desayunar, echar, moler,* y *preparar; bañar(se)* y *levantar(se); llover, secar,* y *picar; bailar, jugar* y *pasear; rezar, agarrar, arreglar, cargar, cortar; lavar* y *limpiar; pescar, planchar, prender, recoger, sembrar, tapar, tirar, pagar, pegar, robar* y *vender*.

Por otra parte, en el estrato alto los referentes verbales de tipo no perceptible fueron: *acordarse, aprovechar,*

---

[18] Utilicé por primera vez este procedimiento en Ávila (1991:66 *ss*).

[19] Me refiero a los planteamientos que han hecho en ese sentido Pottier (1964, 1965, 1967), Heger (1965), Baldinger (1967, 1977), o Coseriu (1964).

considerar, desear, encantar(se)[20], *importar*[21], *interesar, lograr, notar, observar, pensar, recordar, adquirir, educar, practicar, realizar, referirse, defender, desarrollar(se), establecer, fundar, pertenecer, corresponder, exigir, permitir,* y *dirigir.* En ese mismo estrato alto, los procesos sí perceptibles fueron *escribir, leer, separar, funcionar* (un motor, etc.), *manejar, nadar, asistir, competir, recibir* y *construir.*

En esta primera clasificación general se advierte una diferencia muy significativa. Desde el punto de vista cuantitativo, el estrato bajo utilizó 31 verbos (86.1%) referidos a procesos perceptibles; y el estrato alto sólo 10 verbos (27.8%). Frente a esto, en el estrato bajo hubo sólo 5 verbos (13.9%) de tipo no perceptible, frente a 26 verbos (72.2%) en el estrato alto. En otros términos, el estrato bajo utilizó tres veces más verbos (310% más) de tipo perceptible que el alto; y el estrato alto empleó cinco veces más verbos no perceptibles (520% más) que el bajo.

Campos referenciales

Para clasificar los verbos por campos referenciales me apoyé en los que antes establecí para los sustantivos[22]. Como dije *supra*, a diferencia de otros tipos de análisis de contenido, estas categorías no fueron previamente esta-

---

[20] En el sentido de 'gustar a uno algo', como en "Me encanta tu vestido".

[21] En el sentido de 'tener importancia, interesar algo', como en "Me importa mucho tu opinión".

[22] Cf. Ávila (1991:65). La clasificación inicial se estableció tras revisar las de Hallig y von Wartburg (1963:101-112), Dornseiff (1970:17-28), Dutch (1962:xxxviii-xlviii), Casares (1959:xxxiii-lxxv) y Moliner (1983:xvi *ss*).

blecidas, sino que surgieron a partir del análisis de los vocablos. Sin embargo, de ese conjunto inicial de campos que utilicé para los sustantivos, seleccioné sólo los que resultaban pertinentes para la clasificación de los verbos. Fueron los siguientes:

A. Ser humano, A.1 Atributos psicológicos y valores, A.2 Cuerpo, A.3. Alimento; B. Sociedad, B.1. Instituciones y funciones, B.1.1. Costumbres y usos, B.2. Cultura y educación, B.3. Relaciones interpersonales, B.4. Esparcimiento, B.5. Ocupación; y C. Elementos, C.1. Objetos naturales o artificiales (ver tabla 1)[23].

Las diferencias comparativas que surgen de la clasificación muestran lo siguiente, de acuerdo con los porcentajes o rangos descendentes de frecuencias en cada estrato. En el alto se utilizan en primer lugar verbos referidos a atributos psicológicos (33%), como *observar* o *interesar(se)*. En segundo rango, en ese mismo estrato, aparecieron los verbos relacionados con instituciones y funciones, como *desarrollar* o *establecer*; cultura y educación, como *educar* o *escribir*; y relaciones interpersonales, como *corresponder* o *permitir*. El cuarto rango de este estrato incluye verbos asociados con objetos naturales o artificiales, como *funcionar* o *manejar*. En el último rango aparecen verbos como *nadar* y *construir*, relacionados con esparcimiento y ocupación respectivamente.

En el estrato bajo los verbos más frecuentes tienen que ver con ocupaciones, como *arreglar* o *lavar*. A continuación se encuentran los relacionados con alimento, como

---

[23] En cuanto a los procesos verbales, estos clasificadores deben interpretarse como 'acciones o procesos relacionados con...' (atributos psicológicos, alimento, costumbres y usos, etc.)

Tabla 1

Verbos: clasificación de acciones o procesos en campos referenciales. Estratos alto y bajo

	Estrato alto		Estrato bajo	
Campos referenciales	*frecuencia*	*Porcentaje*	*frecuencia*	*Porcentaje*
SER HUMANO				
atributos psicológicos	12	33.3		
cuerpo			2	5.5
necesidades: alimento			5	13.9
SOCIEDAD				
instituciones y funciones	6	16.7		
— costumbres y usos			5	13.9
cultura y educación	6	16.7		
relaciones interpersonales	6	16.7	4	11.1
esparcimiento	1	2.8	3	8.3
ocupación	1	2.8	13	36.1
ELEMENTOS				
objetos naturales o artificiales	4	11.1	4	11.1
T o t a l e s	36	100.0	36	100.0

comer o *desayunar*, y con costumbres y usos, como *acostumbrar* y *rezar*. El tercer rango de ese estrato lo ocupan los verbos asociados con relaciones interpersonales, como *pagar* y *vender*. El cuarto rango es el de los verbos de esparcimiento, como *bailar* y *jugar*. Por último, el quinto rango incluye los verbos relacionados con el cuerpo, como *bañar(se)* y *levantar(se)*.

Por otra parte, si se ordenan los vocablos por frecuencias descendentes a partir de las diferencias porcentuales entre los estratos, se puede advertir (ver tabla 2) que en el estrato alto los cinco verbos más frecuentes son *observar*, *educar*, *notar*, *interesarse* y *fundar*, todos referidos a procesos no perceptibles relacionados con atributos psicológicos y con instituciones y funciones. En el estrato bajo, en cambio, los cinco verbos más frecuentes son *moler* (diferentes tipos de alimentos), *bailar*, *pescar*, *tapar* y *limpiar*, todos de tipo perceptible, relacionados con ocupación y diversión.

Tabla 2

Verbos de los estratos bajo y alto:
diferencias de frecuencias en porcentajes
(ordenación descendente por estrato)

Bajo	*Dif pct +B*	*Alto*	*Dif pct + A*
moler	9100.00	observar	1800.00
bailar	4500.00	educar	1600.00
pescar	3800.00	notar	900.00
tapar	2700.00	interesar	720.00
limpiar	2400.00	fundar	650.00
nombrar	2000.00	corresponder	650.00
lavar	1933.33	lograr	633.33
robar	1900.00	realizar	600.00
pegar	1800.00	considerar	566.67

Tabla 2 (*Conclusión*)

Bajo	Dif pct +B	Alto	Dif pct + A
planchar	1700.00	importar	500.00
vender	1609.09	encantar	440.00
picar	1200.00	construir	400.00
sembrar	1171.43	establecer	400.00
llover	1150.00	referir	400.00
cargar	1100.00	practicar	366.67
prender	1100.00	competir	350.00
agarrar	921.05	dirigir	340.00
cortar	912.50	desarrollar	325.00
levantar	811.11	exigir	300.00
arreglar	775.00	recordar	300.00
pagar	762.50	adquirir	275.00
recoger	750.00	leer	246.15
acostumbrar	730.00	separar	200.00
desayunar	725.00	acordar	188.89
pasear	720.00	aprovechar	175.00
jugar	650.00	manejar	171.43
tirar	628.57	escribir	152.63
durar	627.27	pertenecer	133.33
alcanzar	600.00	funcionar	133.33
andar	592.68	permitir	127.27
preparar	542.86	pensar	127.27
secar	533.33	recibir	118.18
comer	527.27	desear	116.67
bañar	500.00	asistir	100.00
rezar	500.00	nadar	100.00
echar	476.32	defender	100.00

Dif pct = diferencia porcentual entre los estratos.

+ B = a favor del estrato BAJO con respecto al ALTO, en relación con sus frecuencias.

+ A = a favor del estrato ALTO con respecto al BAJO, en relación con sus frecuencias.

Verbos y sustantivos

En la investigación que hice con sustantivos, ya citada (Ávila 1991), y en esta hay semejanzas que merecen ser destacadas. Una de ellas es que, como los verbos, los sustantivos con referentes perceptibles (Ávila 1991:65) fueron 100% más frecuentes —el doble— en el estrato bajo (86.4%) que en el alto (43.1%).

Por otra parte, en la clasificación de los sustantivos los dos campos referenciales más frecuentes fueron, en el estrato bajo, "alimentos", y "servicios y ocupaciones"; y en el estrato alto, "cultura y educación" y "servicios y ocupaciones". Frente a estos, los menos frecuentes fueron precisamente los opuestos: en el estrato bajo "cultura y educación", y en el alto, "alimentos".

Si se comparan estos campos con los de los verbos se pueden advertir semejanzas significativas. En el estrato bajo los dos campos de referentes verbales más frecuentes fueron "ocupaciones", y "alimentos"; y en el alto, en cambio, correspondieron a "atributos psicológicos" y "cultura y educación". Por otra parte, los menos frecuentes —no apareció un solo verbo en esos campos— fueron, en el estrato bajo, "cultura y educación", y "atributos psicológicos"; y en el estrato alto, "alimentos" y "cuerpo".

La comparación de verbos y sustantivos, por sus similitudes, da un mayor sustento para apoyar lo que podría llamarse el perfil léxico-conceptual de los estratos estudiados. Es significativo que el sustantivo más frecuente en el estrato bajo sea *chile* ('ají'), una verdura característica de la comida mexicana; y que el verbo más frecuente en ese mismo estrato sea *moler*, de nuevo relacionado con alimentos. Es asimismo significativo que en el estrato alto el sustantivo más frecuente sea *cultura*, y el segundo verbo más frecuente, *educar*.

En síntesis

Si se consideran los campos más frecuentes y los verbos y sustantivos que en ellos se incluyen, podría —como decía al principio— intentarse un ejercicio de reconstrucción de lo que decían o hacían las personas entrevistadas, en una especie de síntesis, nunca suficiente. Lo que hago a continuación es apenas un paisaje donde busco destacar los conceptos principales (palabras en cursivas) y en el cual, inevitablemente, se pierden los detalles.

Los grupos menos privilegiados hablan sobre todo de sus necesidades primarias, como la alimentación. En sus conversaciones se menciona lo que *preparan* y *muelen*, como los *chiles*, las *cebollas*, los *jitomates* (tomates) y otras *verduras* que les sirven para la *salsa*, el *caldo* de *pescado* o de *pollo*, o el *mole* para cuando hay *boda*. Para dar sabor utilizan *sal* y *azúcar*. También mencionan el *agua*, la *leche*, el *pan*, las *tortillas* (de maíz), los *huevos* o los *tamales* que *desayunan* o *comen*. Todo esto, más la *manteca* o el *aceite*, la *fruta* o el *maíz* lo tienen que *pagar* en la *tienda*.

El *trabajo* de esa gente está relacionado sobre todo con la *agricultura* y más específicamente, con la *milpa* (siembra de maíz). También *cortan* y *cargan caña* de azúcar, y *siembran* diferentes *plantas*. Además algunos de ellos viven del *ganado*, y saben de *toros*, *vacas* y otros *animales*. Otros *pescan* en el *mar pescados* o *camarones* que después se *venderán* en el *mercado*.

Mencionan las *mañanas* y las *noches*, y sobre todo los días *viernes*, *sábado* y *domingo*, tal vez porque es cuando *arreglan* y *limpian* la *casa*, cuando *lavan* y *planchan*.

También se refieren con frecuencia a sus costumbres. Quizás los *domingos* el *papá*, la mamá y los *hermanos* van a *misa* a *rezar*; o tal vez van a *pasear* al *campo*, a *bañarse* al *río* o a la *playa*, o a *jugar* al *parque* del *centro* del *pueblo*. Según dicen, les gusta también ir al *cine*, al *futbol*, a *bodas* y a *bailes*, donde toca probablemente un *conjunto* del *pueblo*.

Frente a este estrato, las personas instruidas y con mayores recursos económicos, ya resueltas sus necesidades básicas, no se refieren tanto a los alimentos, sino a otros aspectos más abstractos de la vida. A ellos les *importa aprovechar* las *ideas*. *Consideran* en forma relevante la *cultura* y la *educación*, el *arte* y los *libros*. Les interesa *educarse* en los *colegios*, *institutos* y *universidades* que gente como ellos ha *fundado* en el *país*.

Por eso *defienden* esas instituciones en todo *momento*. Se *refieren* a ellas y *recuerdan* que allí *se educaron* y aprendieron a *leer* y a *escribir*: allí *adquirieron* los *conocimientos* que más adelante les *permitieron realizarse* en la *sociedad*. *Se acuerdan* también de cuando eran *estudiantes*, y de los *cursos*, los *programas*, los *temas* y los *exámenes*.

Ellos están acostumbrados a *pensar*, *observar* y *practicar* para *lograr* las mejores *oportunidades* en su *profesión* o en la *industria* y para enfrentar la *competencia* con *ventaja*. Son personas que saben *exigir*, pero también *corresponder*.

Sus diversiones no parecen ser tan específicas. Les gusta el *deporte* y el *teatro*, y no van al cine —a cualquier cine—, sino a ver una *película*.

Para terminar

Los verbos y los sustantivos de mis *corpora* —y sus respectivos campos referenciales— reflejan los intereses de los dos estratos analizados. Cabe destacar, sin embargo, un hecho que puede resultar obvio. Las diferencias que he mostrado corresponden a la estructura social y económica de México, un país con características específicas. Una investigación similar en otro país con una distribución económica y cultural más homogénea arrojará resultados distintos, seguramente con otras diferencias lingüísticas[24].

La constatación de las diferencias desde la sociosemántica muy probablemente coincide con lo que esperaría encontrar un sociólogo a partir de su propia perspectiva[25]. La lingüística, por su parte, desde hace tiempo ha señalado que una lengua supone una visión del mundo. Asimismo, dentro de una misma lengua se ha reconocido la relación entre la cultura de los grupos sociales y el vocabulario. En ese sentido, la visión del mundo de cada uno de los grupos de una misma comunidad lingüística puede también ser distinta, aunque en menor grado[26].

Esta investigación sobre sociosemántica requiere, sin duda, otros desarrollos y precisiones[27]. No obstante, consi-

---

[24] Lo que muestra Bourdieu (1979) en relación con los grupos sociales de Francia así lo evidencia. Un obrero o un campesino franceses, de acuerdo con sus intereses, son muy distintos a sus equivalentes mexicanos.

[25] Eso he planteado en forma más extensa en mi investigación previa (Ávila 1991:70).

[26] Véanse al respecto, entre otras, las consideraciones de Kress y Hodge (1979:63 *ss*).

[27] Por ejemplo, hubo casos en que un estrato utilizaba el mismo vocablo con una acepción distinta a la que se empleó en el otro. Así, *nombrar* significaba 'decir, dar el nombre de algo' en el estrato bajo ("¿Cómo se le nombra a... ?"); y 'designar a alguien para un cargo' en el alto ("Lo nombraron director de la escuela"). Asimismo *moler* se usó en el estrato bajo en el sentido de 'machacar, triturar un grano o alimento'; y en el alto se utilizó únicamente con el sentido de 'molestar" (V. anexo 2, bajo las voces *nombrar* y *moler*). Todo esto requiere ser estudiado más detalladamente. Por supuesto, en los dos estratos se conocen todas las

dero que los datos que he presentado muestran de manera significativa las diferencias léxicas y conceptuales entre los dos estratos que he considerado. He insistido en destacar que existen diferencias de contenido y no sólo de forma, aunque es la forma la que la sociedad legitima[28], y la que ha sido el objeto de estudio principal de la sociolingüística (v. *supra* nn. 3 y 4, y texto). Por mi parte, he tratado de mostrar que es posible delimitar, a partir de datos empíricos, las diferencias semánticas, y espero haberlo logrado. Si es así, tal vez se estimulen otras investigaciones sobre esta dimensión poco explorada de la sociolingüística[29].

Por otra parte, he buscado recordar a quienes conocí al recorrer —junto con otros compañeros— los caminos de México para hacer las grabaciones[30]. Todas esas personas con quienes hablé, y que me permitieron conocerlas un poco, me animaron a hacer este trabajo. Gracias a esas entrevistas me acerqué a la realidad del país y de su gente. Ojalá los investigadores podamos devolverles algo de lo que nos dieron, para que podamos saber un poco más de unos y de otros.

---

acepciones. La distinción estriba en el uso de los vocablos, en los sentidos activos que cada estrato les da más frecuentemente.

[28] Como bien dice Bourdieu, en la sociedad existen mecanismos que admiten y aprueban ciertas formas del lenguaje y no otras. A este respecto, afirma que "un lenguaje legítimo es un lenguaje con formas fonológicas y sintácticas legítimas, es decir, un lenguaje que responde a los criterios acostumbrados de gramaticalidad" (Bourdieu 1990:127).

[29] He señalado antes que esta disciplina se ha ocupado básicamente de la forma exterior del lenguaje, cf. mis *nn.* 3, 4, 5 y texto *supra*.

[30] Véase sobre todo esto Lope Blanch (1970). Cf. también Moreno de Alba (1988:127 *ss*), quien ofrece una reseña general de los trabajos del *Atlas Lingüístico de México* (1990), para el cual fueron hechas las grabaciones que utilizo en esta investigación. Cf. también el primer tomo del *Atlas* (1990): allí está la lista detallada de los informantes.

Referencias bibliográficas

Atlas lingüístico de México 1990 = *Atlas lingüístico de México*, dirigido por J. M. Lope Blanch, con la colaboración de A. Alcalá, G. Cantero, J. López Chávez, A. Millán, y J. G. Moreno de Alba, y la participación de R. Ávila *et al.*, T. 1, Vol. 1, México, El Colegio de México.

Ávila 1988 = R. Ávila, "Lengua hablada y estrato social: un acercamiento lexicoestadístico", *Nueva Revista de Filología Hispánica*, México, t. 36, pp. 131-148. [Publicado en este mismo libro.]

Ávila 1990 = R. Ávila, "Las palabras de todos y las de cada uno: un análisis estadístico del español hablado en México", en V. Demonte y B. Garza Cuarón (eds.) *Estudios de lingüística de España y México* (México, El Colegio de México - UNAM), pp. 335-349. [Publicado en este mismo libro.]

Ávila 1991 = R. Ávila, "Sobre semántica social: conceptos y estratos en el español de México", *Estudios Sociológicos*, México, t. IX, núm. 26, 279-314. [Publicado en este mismo libro.]

Ávila 1992 = R. Ávila y Centro Científico IBM, *Exegesis: programa de cómputo*, México, El Colegio de México e IBM de México.

Baldinger 1967 = K. Baldinger, "Structures et systèmes linguistiques", *TLL*, núm. 1, pp. 123-139.

Baldinger 1977 = Kurt Baldinger, *Teoría semántica: hacia una semántica moderna*, 2a ed., corr. y aum., Madrid, Alcalá.

Bernstein 1971 = Basil Bernstein, *Class, codes and control*, Vol. 1: *Theoretical studies towards a sociology of language*, London, Routledge & Kegan Paul.

Bourdieu 1979 = Pierre Bourdieu, *La distinction*, Paris, Les Éditions de Minuit.

Bourdieu 1990 = Pierre Bourdieu, *Sociología y cultura*, México, Conaculta-Grijalbo.

Bühler 1967 = Karl Bühler, *Teoría del lenguaje*, Madrid, Revista de Occidente.

Casares 1959 = Julio Casares, *Diccionario ideológico de la lengua española*, 2a. ed., Barcelona, G. Gili.

Coseriu 1964 = E. Coseriu, "Pour une sémantique diachronique structurale", *TLL*, núm. 1, pp. 139-186.

DEM 1986 = *Diccionario básico del español de México*, dirigido por L. F. Lara, México, El Colegio de México.

DRAE 1984 = Real Academia Española, *Diccionario de la lengua española*, 20ª ed., Madrid, Real Academia Española, 2 ts.

DRAE 1992 = Real Academia Española, *Diccionario de la lengua española*, 21ª ed., Madrid, Real Academia Española.

Dornseiff 1970 = Franz Dornseiff, *Der deutsche Wortschatz nach Sachgruppen*, 7. Aufl., Berlin, Walter de Gruyter [1. Aufl. 1933].

Dutch 1962 = Robert A. Dutch, *Roget's Thesaurus of English words and phrases*, new ed. rev. and modernized by..., London, Longmans Green.

Guy, 1988 = G. R. Guy, "Language and social class", en Newmeyer 1988, pp. 37-63.

Halliday 1970 = M. A. K. Halliday, "Language structure and language function", en J. Lyons (ed.), *New horizons in linguistics* (Middlesex, Penguin), pp. 140-165.

Hallig & Wartburg 1963 = Rudolf Hallig & Walther von Wartburg, *Begriffssystem als Grundlage für die Lexikographie = Système raisonné des concepts pour servir de base à la lexicographie. Essay d'un schéma de classement*. 2e. éd. recomposée et augmentée [1ª ed. 1952], Berlin, Akademie Verlag. (Deutsche Akademie der Wissenschaften zu Berlin).

Heger 1965=K. Heger, "Les bases méthodologiques de l'onomasiologie et du classement par concepts", *TLL*, núm. 1, pp. 7-32.

Jakobson 1963 = Roman Jakobson, "Linguistique et poétique", en sus *Essais de linguistique générale*, trad. par N. Ruwet, Paris, Editions du Minui.

Kress & Hodge, 1979 = Kress, Gunther & Robert Hodge, *Language as ideology*, London, Routledge & Kegan Paul.

Labov 1972 = W. Labov, "The logic of non-standard English", en P. Giglioli (ed.), *Language and social context* (London, Penguin), pp. 179-215.

Lavandera 1988 = B. Lavandera, "The study of language in its socio-cultural context", en Newmeyer 1988, pp. 1-13.

Loaeza 1990 = S. Loaeza, "El comportamiento político de las clases medias en la crisis", en Loaeza y Stern 1990, pp. 69-75.

Loaeza y Stern 1990 = Soledad Loaeza y Claudio Stern (comps.), *Las clases medias en la coyuntura actual*, México, El Colegio de México. (*Cuadernos del CES*, 33).

Lope Blanch 1970 = J. M. Lope Blanch, "La delimitación de las zonas dialectales de México", *Nueva Revista de Filología Hispánica*, México, XIX, pp. 1-11.

Moliner 1983 = María Moliner, *Diccionario de uso del español*, Madrid, Gredos. 2 ts.

Moreno de Alba 1988 = José G. Moreno de Alba, *El español en América*, México, Fondo de Cultura Económica.

Newmeyer 1988 = Frederick J. Newmeyer (ed.), *Linguistics: the Cambridge Survey*, Vol. 4: *Language: The socio-cultural context*, Cambridge, Cambridge University Press.

Pottier 1964 = B. Pottier, "Vers une sémantique moderne", *TLL*, núm. 1, pp. 107-137.

Pottier 1965 = B. Pottier, "la définition sémantique dans les dictionnaires", *TLL* núm. 1, pp. 33-39.

Pottier 1967 = B. Pottier, "Présentation de la linguistique: fondements d'une théorie", *TLL*, núm. 1, pp. 7-60.

Stern 1990 = C. Stern, "Notas para la delimitación de las clases medias en México", en Loaeza y Stern 1990, pp. 19-27.

TLL = *Travaux de Linguistique et de Littérature*, Strasbourg.

Walters 1988 = K. Walters, "Dialectology", en Newmeyer 1988, pp. 119-139.

Anexo 1*
Verbos más frecuentes en el estrato alto

	FRECUENCIAS				
VOCABLO	Alt	Med	Baj	Tot	dif pct
acordarse	26	6	9	41	188.89 + A

ACEPCIÓN(ES) AB recordar.

CONTEXTOS POR ESTRATOS

A "De eso sí no *me acordaba* yo".

B "Todo el tiempo *se está acordando* de él".

CLASIFICACIÓN no perceptible, atributos psico-lógicos.

adquirir	15	8	4	27	275.00 + A

ACEPCIÓN(ES) AB obtener.

CONTEXTOS POR ESTRATOS

A "Generalmente su base es la que han *adquirido* en los libros extranjeros".

B "[Iba] hasta la ciudad de Saltillo para *adquirir* los conocimientos de estos dos deportes".

CLASIFICACIÓN no perceptible, cultura y educación.

aprovechar	11	11	4	26	175.00 + A

ACEPCIÓN(ES) AB sacar provecho.

CONTEXTOS POR ESTRATOS

A "La ideología revolucionaria nunca se *aprove-chó*: se perdió, se fue".

B "Si tú no lo quieres *aprovechar*, al menos yo…"

CLASIFICACIÓN no perceptible, atributos psico-lógicos.

* Abreviaturas: A, Alt, estrato alto; B, Baj, estrato bajo; AB, estratos alto y bajo; BA, estratos bajo y alto; Med, estrato medio; Tot, total; Dif pct, diferencia porcentual entre A y B; + A, a favor del estrato ALTO; + B, a favor del estrato BAJO.

| | FRECUENCIAS | | | | |
VOCABLO	*Alt*	*Med*	*Baj*	*Tot*	*dif pct*
asistir	8	11	4	23	100.00 + A

ACEPCIÓN(ES) AB 1 concurrir; AB 2 ayudar, atender.

CONTEXTOS POR ESTRATOS

A 1 "Pues, solamente había *asistido* a congresos".

A 2 "Nos *asistía* en la [escuela] a varias maestras".

B 1 "Nomás *asistíamos* aquí".

B 2 "Allí lo *asisten* [en ese hospital familiar]".

CLASIFICACIÓN sí perceptible, instituciones y funciones.

| *competir* | 18 | 0 | 4 | 22 | 350.00 + A |

ACEPCIÓN(ES) AB contender, rivalizar.

CONTEXTOS POR ESTRATOS

A "Entonces, yo empecé a *competir* en [categorías] infantiles a…, a los nueve años".

B "En nuestra época […] ahí sí, había que… Había que *competir*". Bueno, pero orita no".

CLASIFICACIÓN sí perceptible, relaciones interpersonales.

| *considerar* | 40 | 16 | 6 | 62 | 566.67 + A |

ACEPCIÓN(ES) AB 1 juzgar, valorar; AB 2 tomar en cuenta.

CONTEXTOS POR ESTRATOS

A 1 "Es el ser insectívoro que se *considera* como más antiguo dentro de la línea de evolución del hombre".

A 2 "La lógica menor no la *considero* ni la *consideraba* entonces como parte de los tratados funda

VOCABLO	FRECUENCIAS				
	Alt	*Med*	*Baj*	*Tot*	*dif pct*

mentales porque, como usted sabe, en la escolástica…"

B 1 "Yo ya me *considero* un poco mayor que ustedes, ¿no?"

B 2 "El patrón, si *considera* a su trabajador, le dice: «Mira aquí te voy a dar…»"

CLASIFICACIÓN no perceptible, atributos psicológicos.

construir	5	14	1	20	400.00 + A

ACEPCIÓN(ES) AB 1 edificar, armar; A 2 (figurado) formar algo.

CONTEXTOS POR ESTRATOS

A 1 "*Construyeron* más rápidamente el convento porque era muy urgente y necesario".

A 2 "Dentro de mi infancia, se fue *construyendo* el valor materno".

B 1 "[Necesitamos] reunir ese dinero para poder, este…, *construir* la escuela".

CLASIFICACIÓN sí perceptible, ocupación.

corresponder	15	4	2	21	650.00 + A

ACEPCIÓN(ES) AB 1 pertenecer, tener que ver con, incumbir; A 2 equivaler; A 3 devolver un favor, un sentimiento.

CONTEXTOS POR ESTRATOS

A 1 "[Ese es] el plan que a él le *corresponde*".

A 2 "[Esas estrellas, por su intensidad] *corresponderían* a luminosidades muy altas".

A 3 "De manera que trátalo, y si te simpatiza, puedes *corresponderle*".

VOCABLO	FRECUENCIAS				
	Alt	*Med*	*Baj*	*Tot*	*dif pct*

B 1 "Las manos de adelante [...] *corresponden* aquí al cuerpo de..., del animal".

CLASIFICACIÓN no perceptible, relaciones interpersonales.

defender	16	10	8	33	100.00 + A

ACEPCIÓN(ES) AB poner a salvo, proteger.

CONTEXTOS POR ESTRATOS

A "Tienen que *defender* la universidad a pesar de todo".

B "No sabe de qué se va a *defender*".

CLASIFICACIÓN no perceptible, instituciones y funciones.

desarrollar	17	12	4	33	325.00 + A

ACEPCIÓN(ES) A hacer que algo o alguien mejore, progrese; B desenvolver, crecer.

CONTEXTOS POR ESTRATOS

A "[Hay] una serie de elementos aptos para *desarrollar* [en] este tipo de profesión".

B "Y cuando *desarrollan* [las plantas] se cierra el surco".

CLASIFICACIÓN no perceptible, instituciones y funciones.

desear	13	8	6	27	116.67 + A

ACEPCIÓN(ES) AB querer, ansiar.

CONTEXTOS POR ESTRATOS

A "Yo como hijo de familia nunca *deseé* venir al mundo, porque no podía *desearlo*. No estaba consciente de lo que es el mundo".

| VOCABLO | *FRECUENCIAS* | | | | |
	Alt	*Med*	*Baj*	*Tot*	*dif pct*

B "Entonces ya se va sacando de a una y se le va sirviendo con su verdura, todo lo que se *desee* poner a la [tortilla de maíz] enchilada".
CLASIFICACIÓN no perceptible, atributos psicológicos.

dirigir	22	8	5	35	340.00 + A

ACEPCIÓN(ES) A 1 guiar, orientar, gobernar, coordinar; A 2 poner en escena una obra; A 3 hacer llegar algo, enviar; B 1 tomar una dirección; B 2 guiar, orientar.

CONTEXTOS POR ESTRATOS

A 1 "Tú puedes mandar o puedes *dirigir* o puedes orientar a todas las muchachas de la Uni[versidad]".

A 2 "*Dirige* a un grupo de actores aficionados".

A 3 "Le dije que *dirigiera* la carta a mi oficina".

B 1 "Luego luego me *dirigí* a… su casa para hablar con ella".

B 2 "Tienes que *dirigir* a tus hijos".

CLASIFICACIÓN no perceptible, relaciones interpersonales.

educar	17	6	1	24	1600.00 + A

ACEPCIÓN(ES) AB preparar, enseñar.

CONTEXTOS POR ESTRATOS

A "Quisiera que estudiaran, que se *educaran*".

B "Da trabajo para *educarlos*, sí".

CLASIFICACIÓN no perceptible, cultura y educación.

| | FRECUENCIAS | | | | |
VOCABLO	Alt	Med	Baj	Tot	dif pct
encantar	27	3	5	35	440.00 + A

ACEPCIÓN(ES) A 1 deleitar; B 1 hechizar; B 2 deleitar.

CONTEXTOS POR ESTRATOS

A 1 "Me *encanta* el estudio de la religión".

B 2 "Hay…, vaya…, muchas maneras de hacer el plátano: sí. ¡Ay!, ¡a mí me *encanta*!

B 1 "Entonces [en el juego infantil de "Los encantados"], ya se *encanta* y sale corriendo. Luego va y *encanta* a la otra".

CLASIFICACIÓN no perceptible, atributos psicológicos.

escribir	48	12	19	79	152.63 + A

ACEPCIÓN(ES) AB redactar, poner por escrito.

CONTEXTOS POR ESTRATOS

A "Si todas las personas *escribieran* lo que pensaran serían muy buenos escritores".

B "Le voy a *escribir* al señor presidente".

CLASIFICACIÓN sí perceptible, cultura y educación.

establecer	10	8	2	20	400.00 + A

ACEPCIÓN(ES) A 1 instituir preceptos; *establecerse* A 2 B 1 ubicarse, situarse, afincarse; A 3 fundar una institución.

CONTEXTOS POR ESTRATOS

A 1 "Así es: así está *establecido*".

A 2 "Me *establecí* en esa ciudad por un tiempo".

| VOCABLO | FRECUENCIAS | | | | |
	Alt	Med	Baj	Tot	dif pct

A 3 "Entonces *establecieron* el club".
B 1 "Tengo cuarenta y ocho años…, que son los que me *he establecido* aquí en México".
CLASIFICACIÓN no perceptible, instituciones y funciones.

| *exigir* | 16 | 3 | 4 | 23 | 300.00 + **A** |

ACEPCIÓN(ES) AB demandar, ordenar.
CONTEXTOS POR ESTRATOS
A "No se puede *exigir* que…, que un hombre casado realice una carrera, ya casado…"
B "Le *exigen* a uno mucho trabajo".
CLASIFICACIÓN no perceptible, relaciones interpersonales.

| *funcionar* | 14 | 10 | 6 | 30 | 133.33 + A |

ACEPCIÓN(ES) AB operar, servir, ser útil algo.
CONTEXTOS POR ESTRATOS
A "Su sistema de riego nomás no *funciona*".
B "Hace como unos cuatro meses que empezó a *funcionar* aquí [la estación de radio]".
CLASIFICACIÓN sí perceptible, objetos naturales o artificiales.

| *fundar* | 30 | 16 | 4 | 50 | 650.00 + A |

ACEPCIÓN(ES) AB crear, establecer.
CONTEXTOS POR ESTRATOS
A "Se *fundó* entonces una institución [de beneficencia]".
B "Desde que se *fundó* el ingenio para acá hemos

| VOCABLO | FRECUENCIAS | | | | |
	Alt	*Med*	*Baj*	*Tot*	*dif pct*

visto que en realidad la gente pos, ya vive más…, más cómodamente".
CLASIFICACIÓN no perceptible, instituciones y funciones.

| *importar* | 18 | 4 | 3 | 25 | 500.00 + A |

ACEPCIÓN(ES) AB 1 convenir, interesar; A 2. traer algo de otro país.

CONTEXTOS POR ESTRATOS
A 1 "No le *importaba* saber si era lunes o martes".
A 2 "Los socios *importaban* todo lo que querían sin pagar impuestos".
B "No *importa*, así está bien".

CLASIFICACIÓN no perceptible, atributos psicológicos.

| *interesar* | 41 | 10 | 5 | 56 | 720.00 + A |

ACEPCIÓN(ES) AB importar, afectar, atraer.

CONTEXTOS POR ESTRATOS
A "Nunca fue una clase [escolar] que me *interesara* mucho".
B "No nos *interesa* meternos en vidas privadas, pero sí nos metemos, ¿verdá?"

CLASIFICACIÓN no perceptible, atributos psicológicos.

| *leer* | 45 | 49 | 13 | 107 | 246.15 + A |

ACEPCIÓN(ES) AB comprender un texto escrito.

CONTEXTOS POR ESTRATOS
A "Siempre me ha interesado *leer*, ocuparme de alguna cosa que no nomás sea la casa".

| VOCABLO | *FRECUENCIAS* | | | | |
	Alt	*Med*	*Baj*	*Tot*	*dif pct*

B "Me enseñé a *leer* y a escribir yo sola, en mi casa".
CLASIFICACIÓN sí perceptible, cultura y educación.

| *lograr* | 22 | 9 | 3 | 34 | 633.33 + A |

ACEPCIÓN(ES) AB conseguir, obtener.

CONTEXTOS POR ESTRATOS
A "Qué raro es el matrimonio que *logra* llegar a la vejez comprendiéndose".
B "Bueno…, no la *logran* [hacer a su gusto una pieza mecánica]".

CLASIFICACIÓN no perceptible, atributos psicológicos.

| *manejar* | 19 | 8 | 7 | 34 | 171.43 + A |

ACEPCIÓN(ES) AB 1 conducir un vehículo, operar una máquina; AB 2 manipular, guiar un trabajo, un plan.

CONTEXTOS POR ESTRATOS
A 1 "Yo no sé *manejar* [un coche]. Quiero aprender, pero por un lado me da un poco de miedo".
A 2 "Un servicio de psiquiatría en el hospital […] estaba *manejado* por el doctor…"
B 1 "Yo soy muy loco pa[ra] *manejar* [coches]".
B 2 "Siempre se ha dejado *manejar* por sus hijos".

CLASIFICACIÓN sí perceptible, objetos naturales o artificiales.

| *nadar* | 16 | 15 | 8 | 39 | 100.00 + A |

ACEPCIÓN(ES) AB desplazarse sobre la superficie del agua.

| | *FRECUENCIAS* | | | | |
| *VOCABLO* | *Alt* | *Med* | *Baj* | *Tot* | *dif pct* |

CONTEXTOS POR ESTRATOS
A "Quería *nadar* tan rápido y me entraban tantos nervios, que daba muchas brazadas y avanzaba poco".
B "Muchos [inmigrantes ilegales a EE UU] dicen que se pasan un canal, que se pasan así…, *nadando*, ái [ahí] por el agua para que no los agarren".
CLASIFICACIÓN sí perceptible, esparcimiento.

| *notar* | 10 | 11 | 1 | 22 | 900.00 + A |

ACEPCIÓN(ES) **AB** advertir, distinguir, observar.
CONTEXTOS POR ESTRATOS
A "No le *notábamos* nada de cosa sobrenatural".
B "*Noté* yo que…, que todo estaba cerrado, oscuro y dije: «es imposible que una criatura a estas horas ande por aquí»".
CLASIFICACIÓN no perceptible, atributos psicológicos.

| *observar* | 19 | 1 | 1 | 21 | 1800.00 + A |

ACEPCIÓN(ES) **AB** ver con atención, advertir.
CONTEXTOS POR ESTRATOS
A "Las maestras hemos podido *observar* la dificultad de los jóvenes cuando ingresan a una escuela secundaria".
B "Yo sí *observé* un eclipse cuando era chiquito".
CLASIFICACIÓN no perceptible, atributos psicológicos.

| VOCABLO | FRECUENCIAS | | | | |
	Alt	*Med*	*Baj*	*Tot*	*dif pct*
pensar	100	67	44	211	127.27 + A

ACEPCIÓN(ES) AB razonar, meditar, cavilar.

CONTEXTOS POR ESTRATOS

A "Si todas las personas escribieran lo que *pensaran* serían muy buenos escritores".

B "Hay que *pensar* bien antes de comprar".

CLASIFICACIÓN no perceptible, atributos psicológicos.

permitir	25	22	11	58	127.27 + A

ACEPCIÓN(ES) AB autorizar, dar permiso, consentir; AB 2 posibilitar, dar la posibilidad de.

CONTEXTOS POR ESTRATOS

A 1 "No le *permite* el esposo que salga".

A 2 "El niño nace con ciertos reflejos que le *permiten* sobrevivir".

B 1 "Sabes que esas palabras no se *permiten*".

B 2 "El mismo trabajo no me lo *permite*".

CLASIFICACIÓN no perceptible, relaciones interpersonales.

pertenecer	21	13	9	43	133.33 + A

ACEPCIÓN(ES) AB 1 estar adscrito, ser miembro o parte de algo; A 2 ser propiedad de alguien.

CONTEXTOS POR ESTRATOS

A 1 "No *pertenezco* a ningún partido político".

A 2 "Protestan porque les quitan unas tierras que les *pertenecen*".

B 1 "Todos los que *pertenecen* al [Instituto del] Seguro Social [tienen medicina gratuita]".

	FRECUENCIAS				
VOCABLO	*Alt*	*Med*	*Baj*	*Tot*	*dif pct*

CLASIFICACIÓN no perceptible, instituciones y funciones.

| *practicar* | 14 | 12 | 3 | 29 | 366.67 + A |

ACEPCIÓN(ES) **AB** 1 **hacer** algo constantemente, ejercitarse; A 2 ejercer una capacidad o habilidad.

CONTEXTOS POR ESTRATOS

A 1 "El hombre lo que ha estudiado lo está *practicando* o lo está desarrollando en su empleo".

A 2 "Es muy dificil [...] que un médico que ha seguido siempre un sistema, durante tantos años lo *ha practicado*, de repente cambie a otro".

B 1 "Dos años dura *practicando* las [diferentes] técnicas".

CLASIFICACIÓN no perceptible, cultura y educación.

| *realizar* | 14 | 11 | 2 | 27 | 600.00 + A |

ACEPCIÓN(ES) **AB** 1 llevar a cabo algo; *realizarse* A 2 desarrollarse personalmente; A 3 celebrarse un acontecimiento.

CONTEXTOS POR ESTRATOS

A 1 "A través de los viajes que *han realizado* han llegado a tener una cultura".

A 2 "Piensan que la mujer *se realiza* únicamente a través de los hijos".

A 3 "La fiesta *se realizó* en el rancho de don Julio".

B 1 "Por orden de él *se ha estado realizando* el trabajo".

| VOCABLO | FRECUENCIAS | | | | |
	Alt	Med	Baj	Tot	dif pct

CLASIFICACIÓN no perceptible, cultura y educación.

	Alt	Med	Baj	Tot	dif pct
recibir	48	26	22	96	118.18 + A

ACEPCIÓN(ES) AB 1 tomar, aceptar; AB 2 admitir, acoger; *recibirse* AB 3 titularse; AB 4 adquirir una formación.

CONTEXTOS POR ESTRATOS

A 1 "Nunca *he recibido* una ayuda".

A 2 "Cuando él llegó mal vestido, no lo *recibieron*".

A 3 "Mira, hija, si tú quieres casarte, tienes que *recibirte* primero".

A 4 "Ahí *recibí* la formación eclesiástica".

B 1 "El cheque yo no te lo voy a *recibir* porque es muy poco el sueldo que me estás pagando".

B 2 "Entonces me *recibe* el..., el licenciado".

B 3 "Ya se *recibieron* [en la universidad], y otros están trabajando".

B 4 "Nosotros estamos *recibiendo* clases de maquinaria".

CLASIFICACIÓN sí perceptible, relaciones interpersonales.

	Alt	Med	Baj	Tot	dif pct
recordar	16	8	4	28	300.00 + A

ACEPCIÓN(ES) AB tener recuerdos.

CONTEXTOS POR ESTRATOS

A "Te digo que no *recuerdo* cómo se llama".

B "*Recuerdo* que cuando yo estaba más chico, sí, este..., se hacía eso".

VOCABLO	FRECUENCIAS				
	Alt	Med	Baj	Tot	dif pct

CLASIFICACIÓN no perceptible, atributos psicológicos.

referirse	20	8	4	32	400.00 + A

ACEPCIÓN(ES) AB hacer referencia, dar a conocer, mencionar.

CONTEXTOS POR ESTRATOS

A "El desarrollo emocional del niño al que me voy a *referir*"

B "Él [...] se *refiere* a la pérdida [de su empleo]".

CLASIFICACIÓN no perceptible, objetos naturales o artificiales.

separar	15	6	5	26	200.00 + A

ACEPCIÓN(ES) AB 1 alejar, distanciar, apartar; *separarse* AB 2 divorciarse.

CONTEXTOS POR ESTRATOS

A 1 "Ellos tenían que *separar* cada montoncito".

A 2 "La mujer se tiene que *separar* del esposo, pero ya como último recurso".

B 1 "*Separa* toda la verdura y sólo deja el caldo".

B 2 "Se *separó* la mujer del..., hombre ese".

CLASIFICACIÓN sí perceptible, objetos naturales o artificiales.

Anexo 2
Verbos más frecuentes en el estrato bajo

VOCABLO	FRECUENCIAS				
	Alt	*Med*	*Baj*	*Tot*	*dif pct*
acostumbrar	10	35	83	128	730.00 + B

ACEPCIÓN(ES) B A hacer algo habitualmente.

CONTEXTOS POR ESTRATOS

B "Se *acostumbra* que el muchacho vaya a visitar a su novia a su casa".
A "Yo estaba *acostumbrada* a mi casa, a mis padres".

CLASIFICACIÓN no perceptible, instituciones y funciones -costumbres y usos.

agarrar	19	37	194	250	921.05 + B

ACEPCIÓN(ES) B A 1 coger, asir, tomar; B A 2 (en perífrasis) empezar, iniciar.

CONTEXTOS POR ESTRATOS

B 1 "Él *agarraba* piedras y les tiraba a los perros".
B 2 "De ahí que *agarro* [a hablar] y que le digo: «vamos, ái [ahí] nos vemos»".
A 1 "Me empezó a *agarrar* la mano pensando que iba yo a temblar".
A 2 "Agarró a comprar terrenos baratos".

CLASIFICACIÓN sí perceptible, ocupación.

alcanzar	4	17	28	49	600.00 + B

ACEPCIÓN(ES) B 1 ser suficiente o bastante (dinero); B 2 llegar al lugar donde está algo; A 1 lograr un ideal, un deseo.

CONTEXTOS POR ESTRATOS

B 1 "Lo que gana su marido de uno, no le *alcanza*".

	FRECUENCIAS				
VOCABLO	*Alt*	*Med*	*Baj*	*Tot*	*dif pct*

B 2 "Y ella se me echa a correr, y que la *alcanzo*". A 1 "Pensé que mi poca experiencia no me llevaría a *alcanzar* las metas".

CLASIFICACIÓN no perceptible, instituciones y funciones —costumbres y usos.

andar	41	122	284	447	592.68 + B

ACEPCIÓN(ES) BA 1 (sobre todo en perífrasis) estar, hacer algo habitualmente; BA 2 caminar, desplazarse.

CONTEXTOS POR ESTRATOS

B 1 "Nada más lo *andaba* acompañando".- "Pues dicen que [la llorona, un fantasma] *anda* en cueros… Encuerada, desnuda, dicen. [Es una] mujer…, de pelo largo".
B 2 "Me dedico aquí a trabajar, puro *andar* con yunta".
A 1 "Una señora *andaba* buscando una señorita, que le fuera a acompañar".- "Yo *andaba* así en plan de mamá y de ayuda".
A 2 "El caballo echó a *andar*".

CLASIFICACIÓN no perceptible, instituciones y funciones —costumbres y usos.

arreglar	4	35	35	74	775.00 + B

ACEPCIÓN(ES) B 1 hacer que alguien o algo luzca bien; B 2 A 1 resolver, poner en orden; B 3 A 2 reparar algo.

CONTEXTOS POR ESTRATOS

B 1 "Ella se apuraba, se *arreglaba* y se venía al colegio".

| VOCABLO | *FRECUENCIAS* | | | | |
	Alt	*Med*	*Baj*	*Tot*	*dif pct*

B 2 "Quería que fuera una comisión [de personas] para *arreglar* eso [el problema]".
B 3 "Mi trabajo consiste en *arreglar* zapatos".
A 1 "*Arreglamos* el asunto entre él y yo".
A 2 "Tuvo que *arreglar* el motor y le salió caro".
CLASIFICACIÓN sí perceptible, ocupación.

| *bailar* | 1 | 42 | 46 | 89 | 4500.00 + B |

ACEPCIÓN(ES) BA danzar

CONTEXTOS POR ESTRATOS
B "Siempre que pueden van a *bailar*".
A "Se puede ir uno a *bailar*".
CLASIFICACIÓN sí perceptible, esparcimiento.

| *bañar* | 2 | 7 | 12 | 21 | 500.00 + B |

ACEPCIÓN(ES) BA 1 dar un baño; BA 2 rociar, cubrir.

CONTEXTOS POR ESTRATOS
B 1 "Se fue a *bañar* una muchacha [al río]".
B 2 "Se saca el huevo y se *baña* con la salsita".
A 1 "Sí se puede *bañar*".
A 2 "Lo *bañó* en sangre".
CLASIFICACIÓN sí perceptible, cuerpo.

| *cargar* | 2 | 4 | 24 | 30 | 1100.00 + B |

ACEPCIÓN(ES) BA 1 llevar, sostener, levantar algo; B 2 preñar un animal a otro.

CONTEXTOS POR ESTRATOS
B 1 "Vienen los barcos a *cargar*".
B 2 "Los toros no: esos *cargan* [a las vacas] a la hora que se les da la gana".

| VOCABLO | FRECUENCIAS | | | | |
	Alt	Med	Baj	Tot	dif pct

A 1 "Quisiera una voluntaria que siempre estuviera *cargando* a este niño".

CLASIFICACIÓN sí perceptible, ocupación.

| *comer* | 33 | 82 | 207 | 322 | 527.27 + B |

ACEPCIÓN(ES) BA ingerir alimentos.

CONTEXTOS POR ESTRATOS

B 1 "Dinero…, no teníamos [ni] para *comer*".

A 1 "Se puede esquiar y nadar y *comer* allí y todo".

CLASIFICACIÓN sí perceptible, necesidades: alimento.

| *cortar* | 8 | 17 | 81 | 106 | 912.50 + B |

ACEPCIÓN(ES) BA partir, segmentar, separar.

CONTEXTOS POR ESTRATOS

B "Fui a *cortar* caña".

A "Quién sabe cómo *cortan* la piedra".

CLASIFICACIÓN sí perceptible, ocupación.

| *desayunar* | 4 | 29 | 33 | 66 | 725.00 + B |

ACEPCIÓN(ES) BA ingerir alimentos por la mañana.

CONTEXTOS POR ESTRATOS

B "Yo *desayuno* poco".

A "Si yo le hago el desayuno, se va desayunada; si no, no se *desayuna*".

CLASIFICACIÓN sí perceptible, necesidades: alimento

VOCABLO	FRECUENCIAS				
	Alt	Med	Baj	Tot	dif pct
durar	11	36	80	127	627.27 + B

ACEPCIÓN(ES) BA permanecer, continuar, extenderse en el tiempo.

CONTEXTOS POR ESTRATOS

B "No les gusta *durar* mucho de novios".

A "*Duré* nomás dos años de casada".

CLASIFICACIÓN no perceptible, instituciones y funciones —costumbres y usos.

echar	38	58	219	315	476.32 + B

ACEPCIÓN(ES) B 1 agregar (sobre todo a la comida); B 2 A 1 lanzar, tirar, arrojar; A 2 despedir, sacar.

CONTEXTOS POR ESTRATOS

B 1 "Cuando hay carne se le *echa* carne [a la olla con verduras]".

B 2 "*Echaron* la red y no pescaron nada".

A 1 "Le *echaremos* una aquí adentro, Juan, una gotita allí, a ver qué pasa".

A 2 "Me *echó* de la casa y me fui".

CLASIFICACIÓN sí perceptible, necesidades: alimento.

jugar	10	33	75	118	650.00 + B

ACEPCIÓN(ES) BA 1 participar en un juego; BA 2 divertirse, entretenerse.

CONTEXTOS POR ESTRATOS

A 1 "Se puede ir uno a... a nadar, o a *jugar* un partido de tenis".

A 2 "Cuando cogían las lianas, cuando las echaban..., las echaban... para *jugar*".

VOCABLO	FRECUENCIAS				
	Alt	*Med*	*Baj*	*Tot*	*dif pct*

B 1 "Casi todos *jugamos* así futbol pero…"
B 2 "Ahí me estoy con ella, *jugando* con los niños".

CLASIFICACIÓN sí perceptible, esparcimiento.

lavar	3	23	61	87	1933.33 + B

ACEPCIÓN(ES) BA limpiar con agua y a veces también con jabón.

CONTEXTOS POR ESTRATOS
B "El maíz se *lava* para pasarlo al molino".
A "Yo le plancho, yo le *lavo*".

CLASIFICACIÓN sí perceptible, ocupación.

levantar	9	41	82	132	811.11 + B

ACEPCIÓN(ES) levantarse BA 1 ponerse de pie; BA 2 subir, elevar algo, alzar; B 3 recoger, cosechar.

CONTEXTOS POR ESTRATOS
B 1 "Debes de *levantarte* y caminar, porque si no, después no te van a poder operar".
B 2 "Hay veces que sí lo puedo *levantar* [al bebé], y hay veces que se me hace muy pesado".
B 3 "Ya *levanta* otra cosecha, o sea que su maíz lo vende".
A 1 "Se fueron muy disgustados… Se acostaron, se *levantaron*".
A 2 "Quiero que [el arquitecto] *levante* un poco más el techo".

CLASIFICACIÓN sí perceptible, cuerpo.

| VOCABLO | FRECUENCIAS | | | | |
	Alt	Med	Baj	Tot	dif pct
limpiar	1	7	25	33	2400.00 + B

ACEPCIÓN(ES) **BA** asear, quitar lo sucio.

CONTEXTOS POR ESTRATOS

B "En la noche…, le *limpiaban* ahí, le barrían: amanecía limpia la casita".

A "Si acaso, *limpia* la casa para que no se vea tan sucia".

CLASIFICACIÓN sí perceptible, ocupación.

llover	4	9	50	63	1150.00 + B

ACEPCIÓN(ES) **BA** caer lluvia.

CONTEXTOS POR ESTRATOS

B "Este año sí *llovió* mucho".

A "Aquí no *llueve* como le digo, pero cuando *llueve* en un día o dos llueve lo que debía de llover, por ejemplo, en un año".

CLASIFICACIÓN sí perceptible, objetos naturales o artificiales.

moler	1	7	92	100	9100.00 + B

ACEPCIÓN(ES) **B** machacar, triturar un grano o alimento; A molestar, incomodar.

CONTEXTOS POR ESTRATOS

B "Se *muele* todo eso y se espesa con masa".

A "¡Te fascina *molerme*, Alberto!"

CLASIFICACIÓN sí perceptible, necesidades: alimento.

nombrar	4	29	84	117	2000.00 + B

ACEPCIÓN(ES) **B** 1 decir, dar el nombre de algo;

VOCABLO	FRECUENCIAS				
	Alt	*Med*	*Baj*	*Tot*	*dif pct*

A 1 designar a alguien para un cargo o puesto; A 2 mencionar, dar el nombre de algo.
CONTEXTOS POR ESTRATOS
B 1 "Andaban las monjas por las casas…, invitando, sí, al que estuviera amancebado, que le *nombran* ellas, se casara, que era gratuito. Entonces nos arrimaron ahí y nos casaron como a treinta".
A 1 "Me *nombraron* presidente de la sociedad de alumnos".
A 2 "Para *nombrar* algunos animales, por ejemplo, al… cerdo aquí le dicen 'marrano'".
CLASIFICACIÓN no perceptible, objetos naturales o artificiales.

pagar	16	58	138	212	762.50 + B

ACEPCIÓN(ES) BA dar el dinero que se debe.
CONTEXTOS POR ESTRATOS
B "Mira, Luis —le dije—: el cheque yo no te lo voy a recibir porque es muy poco el sueldo que me estás *pagando*".
A "Nosotros *pagábamos* cien pesos…, mensual[es] de colegiatura".
CLASIFICACIÓN sí perceptible, relaciones interpersonales.

pasear	5	13	41	59	720.00 + B

ACEPCIÓN(ES) BA caminar para distraerse.
CONTEXTOS POR ESTRATOS
B "Sus caballos… los alquilan para que se *paseen* los turistas".

VOCABLO	*FRECUENCIAS*				
	Alt	*Med*	*Baj*	*Tot*	*dif pct*

A "Iban a *pasear*".

CLASIFICACIÓN sí perceptible, esparcimiento.

pegar	2	7	38	46	1800.00 + B

ACEPCIÓN(ES) BA 1 golpear; BA 2 hacer que algo quede adherido, junto.

CONTEXTOS POR ESTRATOS

B 1 "Me regañaba y me *pegaba*".

B 2 "Yo soy albañil…, *pego* ladrillo…"

A 1 "Todavía les *pegan* a los niños".

A 2 "Todos los chiquillos andaban con sus linternitas *pegados* conmigo, porque tenían miedo".

CLASIFICACIÓN sí perceptible, relaciones interpersonales.

pescar	1	7	39	47	3800.00 + B

ACEPCIÓN(ES) BA 1 atrapar peces; BA 2 (figurado) atrapar a una persona.

CONTEXTOS POR ESTRATOS

B 1 "Orita con este aire no se puede *pescar* [en el mar]".

B 2 "¡Que me salgo! Dije: «No…, estos me van a *pescar* ahorita»".

A 1 "A veces íbamos a *pescar* a un río muy bonito".

A 2 "Él andaba buscando: fíjate que no *pesca* a cualquier muchacha".

CLASIFICACIÓN sí perceptible, ocupación.

picar	1	8	13	22	1200.00 + B

ACEPCIÓN(ES) BA 1 morder un ave, víbora o insecto; BA 2 cortar en pedazos finos con un cuchillo.

VOCABLO	*FRECUENCIAS*				
	Alt	*Med*	*Baj*	*Tot*	*dif pct*

CONTEXTOS POR ESTRATOS
B 1 "Los alacranes [escorpiones] sí *pican*, pero no se muere la gente".
B 2 "Luego se *pica* la cebolla muy finita".
A 1 "A mi mujer le *picaron* los mosquitos".
A 2 "No es necesario *picar* mucho las verduras".
CLASIFICACIÓN sí perceptible, objetos naturales o artificiales.

planchar	1	6	18	25	1700.00 + B

ACEPCIÓN(ES) BA alisar la ropa, desarrugarla con una plancha.

CONTEXTOS POR ESTRATOS
B "Me pongo así a barrer, a alzar, a lavar, a *planchar*".
A "Yo le *plancho*, yo le lavo".
CLASIFICACIÓN sí perceptible, ocupación.

prender	1	13	12	26	1100.00 + B

ACEPCIÓN(ES) BA 1 encender fuego o un aparato eléctrico; prenderse B 2agarrarse, asirse de un sitio.

CONTEXTOS POR ESTRATOS
B 1 "Todo el día tiene uno lumbre, todo el día la *prendemos* [en la cocina de la casa]".
B 2 "Se *prendieron* de la antena de mi carro y trataban de arrancarla".
A 1 "Todavía *prende* [la luz]".
CLASIFICACIÓN sí perceptible, ocupación.

| VOCABLO | FRECUENCIAS | | | | |
	Alt	Med	Baj	Tot	dif pct
preparar	7	22	45	74	542.86 + B

ACEPCIÓN(ES) B 1 Hacer lo necesario para obtener un producto; B 2 A 1 Hacer lo necesario para que alguien o algo esté listo para un fin.

CONTEXTOS POR ESTRATOS

B 1 "Ya después ya se *prepara* el desayuno".

B 2 "Ya me estaban *preparando* [para la fiesta]. Ya me habían puesto los estos…, turbantes que le ponen a uno en la cabeza".

A 1 "Allí *preparan* a los maestros".

CLASIFICACIÓN sí perceptible, necesidades: alimento.

recoger	2	19	17	38	750.00 + B

ACEPCIÓN(ES) B 1 alzar, levantar, recolectar; B 2 A 1 reunir; B 3 buscar a alguien para llevarlo; A 2 alzar, levantar, recolectar.

CONTEXTOS POR ESTRATOS

B 1 "Se vende el poco maíz que se *recoge*".

B 2 "El sábado *recogía* todo el dinero él".

B 3 "Tiene que ir a entregarlos [a los niños] y a *recogerlos:* estar al pendiente de ellos".

A 1 "[Necesitamos] una casa hogar para *recoger* [a] todos los ancianos".

A 2 "¿Qué hacer? *Recoger* medicinas para el servicio [social del médico], etcétera".

CLASIFICACIÓN sí perceptible, ocupación.

rezar	2	6	12	20	500.00 + B

ACEPCIÓN(ES) BA orar.

| VOCABLO | *FRECUENCIAS* | | | | |
	Alt	*Med*	*Baj*	*Tot*	*dif pct*

CONTEXTOS POR ESTRATOS
B "[Él] empezaba a *rezar* y cerraba los ojos…
Y este…, curaba con una hierba que hay en el ran-
cho".
A "Estábamos *rezando* en la noche".

CLASIFICACIÓN sí perceptible, instituciones y
funciones —costumbres y usos.

robar	1	18	20	39	1900.00 + B

ACEPCIÓN(ES) BA hurtar.

CONTEXTOS POR ESTRATOS
B "Entonces se descuidaron, y mi papá me sacó
[…] descalza, porque me habían *robado* los zapatos".
A "Le *robaron* las películas".

CLASIFICACIÓN sí perceptible, relaciones interpersonales.

secar	3	6	19	27	533.33 + B

ACEPCIÓN(ES) B 1 dejar algo sin humedad; se-
carse B 2 A 1 perder humedad, marchitarse una
planta.

CONTEXTOS POR ESTRATOS
B 1 "La copra es el coco que lo parten, luego lo
sacan y lo ponen a *secar*".
B 2 "Va a morir porque se *seca* y se pudre esa
planta".
A 1 "El rosal se *secó*".

CLASIFICACIÓN sí perceptible, objetos naturales
o artificiales.

VOCABLO	FRECUENCIAS				
	Alt	Med	Baj	Tot	dif pct
sembrar	7	20	89	116	1171.43 + B

ACEPCIÓN(ES) BA: plantar.

CONTEXTOS POR ESTRATOS
A "No es tiempo de *sembrar*".
B "Lo que quiera usted *sembrar:* todo se da aquí".
CLASIFICACIÓN sí perceptible, ocupación.

VOCABLO	Alt	Med	Baj	Tot	dif pct
tapar	1	4	28	33	2700.00 + B

ACEPCIÓN(ES) BA 1 cubrir, impedir que algo o alguien se vea o quede al descubierto; B 2 proteger; B 3 impedir que algo o alguien circule.

CONTEXTOS POR ESTRATOS
B 1 "Cuando ya vea usted que están ya de a tiro [= definitivamente] muy sequecitas, sequecitas [las semillas], ya las vuelve a *tapar*".
B 2 "Lo *tapé* para que no se mojara".
B 3 "Corría a *taparme* el camino".
A 1 "Lo han *tapado* con tablas".
CLASIFICACIÓN sí perceptible, ocupación.

VOCABLO	Alt	Med	Baj	Tot	dif pct
tirar	7	16	51	74	628.57 + B

ACEPCIÓN(ES) BA 1 lanzar, arrojar; BA 2 destruir alguna construcción; tirarse A 3 darse impulso para caer de cierta manera.

CONTEXTOS POR ESTRATOS
B 1 "Él no tenía miedo, sino que él agarraba piedras y les *tiraba* a los perros".
B 2 "Tenían que *tirar* primero la barda para hacer la casa bien".

	FRECUENCIAS				
VOCABLO	Alt	Med	Baj	Tot	dif pct

A 1 "Es una lluvia que viene de una bomba que han *tirado* los americanos [los estadunidenses, y ha modificado el clima]".

A 2 "Ya la *tiraron* totalmente [la escuela]".

A 3 "Me *tiraba* clavados [...] Cuando iba a Tehuacán competía allá".

CLASIFICACIÓN sí perceptible, ocupación.

vender	11	76	188	275	1609.09 + B

ACEPCIÓN(ES) BA dar algo a cambio de dinero.

CONTEXTOS POR ESTRATOS

B "Fuimos ahora el día que estaba *vendiendo* cien becerros".

A "Yo tuve coche, [pero] lo *vendí*".

CLASIFICACIÓN sí perceptible, relaciones interpersonales.

SOCIOSEMÁNTICA: REFERENTES SUSTANTIVOS
Y VERBALES EN EL HABLA CULTA Y POPULAR
DE LA CIUDAD DE MÉXICO

Introducción

La sociolingüística se ha ocupado principalmente de estudiar las variantes formales del lenguaje en su dimensión social, pero no de la posible variación semántica[1]. En otros términos, a los investigadores les han interesado más los síntomas que los símbolos o referentes[2], quizá porque la variación formal —sobre todo fonológica— es más susceptible de ser tratada estadísticamente, lo que da como resultado una mayor objetividad y una mayor confiabilidad en el análisis.

[1] V., p. ej., Walters (1988:120): como él señala, la dialectología y la sociolingüística se han enfocado fundamentalmente a hacer descripciones basadas en las variantes de forma. Lavandera (1984:15) señala, en relación con Labov, que él aplicó su modelo de variable lingüística tanto al nivel fonológico como al sintáctico, e incluso al análisis del discurso. Sin embargo, las posteriores aplicaciones de otros "manejaron casi todas material fonológico". V. asimismo Lavandera (1988).

[2] Sobre las funciones sintomática y referencial del lenguaje, cf. Jakobson (1963:214). Considero como equivalentes la función referencial y la simbólica, en el sentido en el que las utiliza Bühler (1967:69 *ss*). La función referencial o simbólica es semejante a la que Halliday llamó 'ideacional' (Halliday 1970:143 *ss*).

En esta investigación intento mostrar que es posible analizar el significado a partir de datos léxicos que pueden ser tratados, en principio, estadísticamente. Con esa base, intento una interpretación del significado de los vocablos bajo la hipótesis de que existen diferencias socio-semánticas significativas entre dos grupos de hablantes de la ciudad de México.

Mi planteamiento tiene antecedentes. Previamente hice dos investigaciones sobre una muestra formada por entrevistas que se grabaron en diferentes localidades de la república mexicana. Me apoyé en esas grabaciones para analizar los referentes de los sustantivos que se utilizaron en los estratos alto y bajo (Ávila 1991). Más adelante estudié, con esa misma muestra, los referentes verbales (Ávila 1993). Ahora utilizo un nuevo *corpus*: los materiales para el estudio del habla culta y popular de la ciudad de México[3]. Además hago un estudio más extenso que los anteriores. Por una parte, incluyo el análisis de la densidad léxica (cf. Ávila 1988*b*) y la longitud de los enunciados; y por otra —lo que intento por primera vez—, el de los referentes sustantivos y verbales.

Procedimiento

En los materiales mencionados se incluyen 32 entrevistas

---

[3] Tomé los textos que analizo directamente de los libros publicados con esos materiales. Cf. *Habla culta* (1971) y *Habla popular* (1976). Los informantes cultos eran personas con estudios universitario o equivalentes, fundamentalmente trabajadores no manuales, que podrían incluirse en la clase media ilustrada de la ciudad. El nivel popular probablemente está compuesto por trabajadores manuales con pocos estudios (cf. *Habla popular* 1976:6). En relación con la clase media de México y su tipo de ocupación, cf. Stern (1990:20 *ss*).

con informantes de nivel culto, y 33 de nivel popular, con tema libre. De ellas seleccioné sólo las transcripciones de las grabaciones en las que el diálogo se establecía únicamente entre los informantes, siempre dos[4]. A esas características correspondieron 10 entrevistas del nivel culto y 13 del nivel popular (V. tabla 1). El propósito de hacer esta selección fue el de analizar las conversaciones más naturales, en las cuales se pudieran encontrar un diálogo espontáneo, con una temática determinada sólo por los intereses de los participantes (V. tabla 1)[5].

Tabla 1

Habla culta y popular: entrevistas e informantes

Características	Habla culta	Habla popular
Núm. de entrevistas	10	13
Núm. de informantes	20	26
Edad		
18 a 30 años	4	9
31 a 40	3	5
41 o más	13	12
Sexo		
masculino	7	15
femenino	13	11
Diálogo entre		
hombre y mujer	5	5
hombre y hombre	1	5
mujer y mujer	4	3

[4] En esas entrevistas no participaba el investigador o, si lo hacía, era sólo para estimular la conversación entre los informantes.

[5] Además, al ser igual la situación comunicativa —si se se supone que condiciona en alguna medida el tipo de discurso o el tópico— se asegura una mayor similitud, lo que permite una comparación más adecuada del habla culta y popular. Cf. para esto Albert (1972: 86), Hymes (1972:60 *ss*) y Hymes (1974: 53).

Todas esas entrevistas fueron procesadas por computadora. Tras una cuidadosa revisión y edición[6], se analizaron en su totalidad mediante el programa de cómputo *Exegesis*[7]. Se obtuvieron así las palabras gráficas de los dos *corpora*[8]. El programa asimismo nos permitió asociar esas palabras gráficas a sus tipos (palabras diferentes), y estos a sus respectivos vocablos (entradas de diccionario o lemas)[9]. De esta manera pude hacer una evaluación de la riqueza léxica del habla culta y el habla popular.

Por otra parte —como he dicho antes—, decidí utilizar los *corpora* para hacer dos medidas estadísticas complementarias: la densidad y la longitud promedio de los textos. La densidad se basa en el número de tipos o palabras diferentes que contiene un segmento de texto. En mi análisis utilizo segmentos de 100 palabras[10]. La longitud de los enunciados se mide de acuerdo con el número de palabras que contiene cada uno[11]. En ambos

[6] Los textos se recogieron mediante un *scanner*, lo que hizo necesaria su revisión. Posteriormente fueron editados para marcar toda la onomástica (nombres propios, de lugar y de instituciones), ya que —con la excepción de los datos referentes a la longitud promedio de los enunciados— no se consideró en el análisis.

[7] El programa fue creado por IBM de México específicamente para el análisis y la interpretación de textos. *Exegesis* (1992) incluye los módulos "Densidad léxica" y "Longitud promedio del enunciado", además del módulo para la creación de bases de datos léxicas.

[8] Cabe señalar que se omitieron en el proceso los pocos casos que correspondieron a parlamentos de los encuestadores.

[9] *Exegesis* asigna, además, la categoría gramatical a cada vocablo.

[10] Para la densidad léxica, cf. Ávila (1988b:21 *ss*). En esa investigación demostré que hay una alta correlación entre la densidad y la riqueza de vocabulario.

[11] Una aplicación de la longitud promedio del enunciado en textos infantiles se encuentra en Ávila (1988a). Considero un enunciado como una secuencia de palabras que tiene como delimitadores, para decirlo

casos se obtiene el promedio para los textos que se analizan[12].

En cuanto al análisis del contenido, en principio se hizo —de nuevo utilizando el programa de cómputo— una recopilación de los sustantivos y los verbos de los dos estratos. A continuación se llevó a cabo una selección de los que se encontraban en un rango de frecuencias que iba de 10 a 200 en cada uno de los estratos[13]. Sin embargo, dado que el límite inferior era muy bajo, podría resultar poco significativo. Por eso se incluyó la condición de que los vocablos deberían tener, además, una frecuencia total mínima de 15. Por otra parte, en el límite superior, aunque necesariamente la frecuencia de un vocablo debía ser menor a 200 en uno de los estratos, en el otro podía superar ese número —lo que ocurrió en unos pocos casos (V. anexos 1 a 4).

Obtenidas así las listas de sustantivos y verbos, se hizo una comparación por estrato —culto o popular— y por

---

brevemente, el punto (.) o los signos de admiración (¡!) o interrogación (¿?) Así se ha definido en el programa *Exégesis* mediante el cual hice los análisis de esta investigación. Cabe señalar que, como ha mostrado Klare (1978:269), la longitud de los enunciados es comparable con la complejidad de la oración: a mayor longitud del enunciado corresponde normalmente una estructura oracional más compleja.

[12] Como he dicho *supra* (n. 6), para el análisis de los enunciados se consideran todas las palabras del texto; y para la densidad se omite la onomástica.

[13] En mis investigaciones anteriores seleccioné diferentes rangos de frecuencias, de acuerdo con la extensión de la muestra y la clase de palabra. De esta manera, cuando analicé los sustantivos de una muestra nacional (Ávila 1991:63) utilicé el rango de 30 a 800 frecuencias. Para el análisis de los verbos de la misma muestra, dado que el número de vocablos era menor, los seleccioné en el rango que iba de 20 a 800 frecuencias (Ávila 1997). En esta ocasión la muestra era de menor extensión, y por eso fue necesario modificar el rango de frecuencias.

clases de palabras[14]. Se buscó de esta manera recoger únicamente los vocablos en los cuales un estrato hubiera superado al otro por lo menos en un 50% de frecuencias. En otros términos, si en el habla culta se utilizaba el vocablo *alfa* 60 veces, en el habla popular debió haber aparecido 90 veces —50% más frecuentemente—, o bien 30 veces —50% menos frecuentemente. Se procedió así para asegurar que la comparación de los sustantivos y verbos en cuanto a su frecuencia en cada estrato fuera estadísticamente significativa para cada uno de los vocablos[15].

Ya establecido el conjunto definitivo (V. anexos 1 a 4), se analizaron todos los contextos de cada uno de los vocablos[16]: un total de 6916 para los 135 vocablos que se obtuvieron mediante el procedimiento descrito antes para los dos estratos (v. tablas 5*a* y 5*b*)[17]. De esa manera se establecieron las acepciones básicas o más frecuentes[18], en

[14] De nuevo se utilizó un programa de cómputo diseñado *exprofeso* por María Pozzi, de El Colegio de México.

[15] En mis dos investigaciones anteriores (Ávila 1991 y Ávila 1997), puesto que, como he dicho, la muestra era más extensa, seleccioné los vocablos que tenían 100% de diferencia en las frecuencias de uso de los estratos que comparaba. Para obtener los porcentajes utilicé, en ésta y en las investigaciones anteriores, la ecuación frecuencia mayor *menos* frecuencia menor *entre* frecuencia menor *por* cien. Las frecuencias se refieren a las de los estratos que comparo.

[16] Para estos análisis tuve la ayuda constante de Gerardo Aguilar, y la colaboración de Rubén Rivera, ambos del Centro de Estudios Lingüísticos y Literarios de El Colegio de México.

[17] Al igual que en el número total de vocablos de los *corpora*, en la selección de los que tuvieron diferencia de más de 50% entre los dos estratos se recogieron más vocablos en el habla culta (81: 54 sustantivos y 27 verbos) que en el habla popular (54: 30 sustantivos y 24 verbos). Sin embargo, esto no afecta el análisis, pues se hizo, en cuanto a porcentajes y rangos (v. *infra*) siempre dentro de cada estrato.

[18] Utilicé, entre otros, los siguientes diccionarios testigo: DEM (1986), DRAE (1992), y Moliner (1983).

las cuales se apoyan las clasificaciones del contenido que ofrezco más adelante. En un primer análisis, se clasificaron los vocablos de acuerdo con el hecho de que su referente fuera o no perceptible por los sentidos[19]. El segundo análisis consistió en la clasificación del léxico obtenido en campos referenciales.

Resultados

Riqueza léxica

En las entrevistas de habla culta, para las 5 horas de grabación se recogieron 49 873 palabras gráficas, 5 124 tipos, y 3 319 vocablos; el habla popular, por su parte, produjo, para 6 horas y media de grabación, 45 280 palabras gráficas, 4 308 tipos, y 2 375 vocablos (V. tabla 2).

Tabla 2

Habla culta y popular: longitud promedio de enunciados, densidad, palabras, tipos y vocablos

Características	*Ing. prom. enunciado*	*Densidad léxica*	*Palabras*	*Tipos*	*Vocablos*
Habla culta	10.9	63.7	49 873	5 124	3 319
Habla popular	5.1	61.3	45 280	4 308	2 375

De acuerdo con estos resultados, se puede advertir que en el nivel popular, no obstante que el tiempo de grabación

[19] Es decir, me basé en la posibilidad de que el referente pudiera ser percibido o no por la vista, el oído, el tacto, el olfato o el gusto: cf Ávila (1991:65 *ss* y 1997).

fue mayor, se recogieron menos palabras gráficas que en el habla culta. Asimismo, la cantidad de tipos y de vocablos fue inferior a la del otro estrato. Comparativamente el habla culta produjo, para el total de palabras, 10.3% de tipos y 6.7% de vocablos. El habla popular, por su parte, produjo 9.5% de tipos y 5.2% de vocablos. En términos numéricos, en el habla culta se recogieron 816 tipos y 944 vocablos más que en el habla popular. Conforme a esto, el habla culta presentó más riqueza morfológica —reflejada en los tipos— y léxica —de acuerdo con el número de vocablos— que el habla popular (V. tabla 2).

Por otra parte, la longitud promedio de los enunciados en el habla culta fue de 10.9 palabras gráficas; y en el habla popular, de 5.1[20]. La densidad en segmentos de 100 palabras gráficas resultó, para el habla culta, de 63.7, y para el habla popular, de 61.3. En otros términos, los enunciados en el habla culta tienen, en números redondos, el doble de palabras en promedio que los del habla popular. En cuanto a la densidad, la diferencia entre los dos estratos es asimismo significativa, y permite confirmar que esa medida se correlaciona en alto grado con la riqueza léxica. En efecto, en una investigación previa (Ávila 1988*b*:32 *ss.*) pude hacer proyecciones de vocabulario con base en la densidad. Mis nuevos datos son muy semejantes a los anteriores, lo que confirma la posibilidad de usar la densidad de un texto como indicador para pronosticar la riqueza del vocabulario.

[20] Estos resultados corresponden a la puntuación que hicieron los editores en las publicaciones que analizo: cf. *Habla culta* (1971) y *Habla popular* (1976).

Contenido: perceptible *versus* no perceptible

Ya en la dimensión del contenido, hice —como dije *supra*— dos clases de análisis. El primero, más general, se relaciona con la posibilidad de que los referentes de los vocablos sean o no perceptibles por los sentidos (ver *supra*, y n. 19).

La primera clasificación se hizo con el propósito de buscar una diferenciación semántica general entre el habla culta y el habla popular (ver la clasificación detallada en los anexos 1 a 4). En este tipo de análisis se advierten diferencias muy significativas entre los estratos (V. tabla 3). En los sustantivos, el habla culta utilizó tres veces más sustantivos con referente no perceptible (69%) que el habla popular (23%); y casi 2.5 más verbos de este tipo (81% vs. 33%). En cuanto al total de vocablos, el habla culta produjo 2.6 más vocablos de tipo no perceptible (73%) que el habla popular (28%). Estos resultados muestran una distinción muy clara ente los dos tipos de habla: en el nivel culto —para decirlo con otras palabras— el discurso es más abstracto que en el nivel popular, cuyos referentes son más concretos.

Tabla 3

Sustantivos y verbos: referentes no/sí perceptibles

Estrato	*Habla culta*			*Habla popular*		
Referente	*no perc*	*sí perc*	*total*	*no perc*	*sí perc*	*total*
Sustvs.	37 69%	17 31%	54 100%	07 23%	23 77%	30 100%
Verbos	22 81%	05 19%	27 100%	08 33%	16 67%	24 100%
Total	59 73%	22 27%	81 100%	15 28%	39 72%	54 100%

Contenido: campos referenciales

El segundo análisis, más específico que el primero, se hizo —como he dicho *supra*— mediante la clasificación de los vocablos en campos referenciales. Para hacerlo —como he señalado previamente (Ávila 1991:66)— comparé diferentes clasificaciones conceptuales[21]. A partir de ellas, utilicé finalmente la que surgió internamente de los materiales objeto del análisis, la cual es básicamente la misma que emplee en mis investigaciones anteriores (Ávila 1991, 1997). Precisamente el hecho de que la clasificación se adecue a los vocablos del *corpus* y, como consecuencia, se haga *a posteriori* es lo que distingue a los campos referenciales de los campos semánticos[22]. Además los primeros requieren, necesariamente, más flexibilidad que los segundos. Esto permite clasificar todos los referentes del *corpus*, a condición de mantener la congruencia[23]. De esta manera, consideré los campos referenciales que aparecen a continuación, en orden alfabético de siglas (v. además tabla 4):

ELAN   = *e*ntorno, *l*ugares *a*rtificiales y *n*aturales
HAPV   = ser *h*umano: *a*tributos *p*sicológicos y *v*alores

---

[21] Entre ellas, las de Casares (1959:xxxiii *ss*), Dornseiff (1970:17-28), Dutch (1962:xxxvii *ss*), Hallig y von Wartburg (1963: 101-112), y Moliner (1983:xvi *ss*).

[22] Para este tipo de análisis, cf. Coseriu (1964) y Pottier (1965). El análisis onomasiológico de los campos semánticos puede verse, p. ej., en Heger (1965) y Baldinger (1967). V. asimismo Baldinger (1977).

[23] Para intentar mi clasificación hice un solo conjunto del total de vocablos de los dos estratos. De esta manera aseguré la congruencia y evité el posible sesgo de intentar una clasificación separada de los vocablos del habla culta y popular o de los verbos y los sustantivos.

HCRP   = ser *h*umano: *c*uer*p*o
HMNO   = ser *humano*
LMNA   = *e*l*e*mentos *n*aturales y *a*rtificiales
SCED   = *s*ociedad: *c*ultura y *edu*cación
SESP   = *s*ociedad: *esp*arcimiento
SOSR   := *s*ociedad: *o*cupaciones y *s*er*v*icios
SRIN   = *s*o*c*iedad: *r*elaciones *in*terpersonales
TRTM   = *t*iempo: *r*eferencias *t*emporales

Los vocablos de los dos estratos fueron clasificados en uno de esos campos —reitero— con base en la acepción fundamental. Sin embargo, en algunos casos el vocablo admitía dos clasificaciones. En esa situación se consideró un segundo campo, que se indica en cada uno de los vocablos (V. anexos 1 a 4)[24].

Los campos referenciales muestran que el habla culta tuvo un mayor número de vocablos en el de cultura y educación (SCED), con un total de 25; y menos en elementos naturales y artificiales (LMNA), con uno solo (V. tabla 5*a*, columna #*voc*). El habla popular, en cambio, tuvo más vocablos en ocupaciones y servicios (SOSR), con 12; y menos en lugares artificiales y naturales (ELAN), atributos psicológicos (HAPV) y en ser humano (HMNO), con sólo 2 vocablos en cada campo (V. tabla 5*b*, columna #*voc*).

---

[24] Puede considerarse que los contenidos forman una red de relaciones. En todo caso, mi clasificación ha tratado de hacer subconjuntos lo más extensos posibles, a partir de la acepción fundamental de cada vocablo. De esta manera se asegura una mejor comparación entre los subconjuntos léxico de cada estrato. En otros términos, he buscado hacer una comparación funcionalmente adecuada para mis propósitos. Cf. Lavandera (1984:45), quien propone un procedimiento que parece acercarse al que yo he seguido.

Tabla 4
Habla culta y popular: campos referenciales sustantivos y verbos

	Habla culta		*Habla popular*	
Campo referencial	*sustantivos*	*verbos*	*sustantivos*	*verbos*
HMNO ser *humano*	mujer hombre		chiquillo chamaco	
HAPV ser *humano*: *a*tributos *p*sicológicos y *v*alores	razón derecho interés idea punto amor	poder deber juzgar creer entender sentir acordarse encantar	miedo culpa	
HCRF ser *humano*: cuerpo		nacer morir	ojo	ver levantarse bajar venir comer

SCED **sociedad:** **cultura** y **educación**	cultura educación carrera clase nivel plan aspecto problema ejemplo base cuestión caso tipo obra cosa escuela hogar iglesia	desarrollar educar estudiar preparar leer escribir contar	maestro prueba	explicar terminar
SRIN **sociedad:** **relaciones** **interpersonales**	respeto forma manera falta	servir cuidar tratar exigir	compañero novio grupo	platicar buscar preguntar ayudar

Tabla 4 (*Conclusión*)

Campo referencial	Habla culta		Habla popular	
	sustantivos	*verbos*	*sustantivos*	*verbos*
	matrimonio marido padre madre hijo familia gente mundo	necesitar encontrar oír regalar		quitar
SOSR **sociedad:** **ocupaciones** **y** **servicios**	profesión médico máquina	dedicarse valer	comercio mercado kilo peso carro camión	comprar vender pagar sacar andar partir
SESP **sociedad:** **esparcimiento**	deporte película	campo canción gruta	campeonato equipo	tocar explorar

ELAN	ambiente	pueblo	
entorno,	situación	kilómetro	
lugares	vida		
artificiales	lugar		
y naturales	casa		
	país		
LMNA	caballo	animal	agarrar
elementos		perro	formar
naturales y		agua	abrir
artificiales		piedra	tirar
TRTM	época	semana	
tiempo:	edad	domingo	
referencias	ocasión	noche	
remporales	momento		

Observaciones: *campo*: 'cancha', 'c. deportivo' (SESP); *punto*: 'punto de vista'; *tocar*: 't. un instrumento musical' (SESP); *ver*: sentido apelativo o vocativo (SRIN). V. además anexos 1 a 4.

Tabla 5a

Habla culta: vocablos, frecuencias y rangos por campos referenciales
(V. siglas y * al final de tabla 5b)

CREF	FC	RA	FP	FT	DF	SRN	#VOC	RPN	#RP
ELAN	296	5	110	406	186	183	6S+0V: 6	30.5	7
HAPV	787	3	301	1 088	486	245	6S+8V: 14	8.7*	1
HCRP	48	9	15	63	33	21	0S+2V: 2	10.5	4
HMNO	380	4	73	453	307	25	2S+0V: 2	12.5	6
LMNA	17	10	00	17	17	38	1S+0V: 1	38.0	9
SCED	957	1	348	1 305	609	582	18S+7V: 25	11.6*	5
SESP	58	8	00	58	58	76	2S+0V: 2	38.0	8
SOSR	109	6	6	115	103	87	3S+2V: 5	8.7*	2
SRIN	815	2	236	1 051	579	373	12S+8V: 20	9.3*	3
TRTM	71	7	33	104	38	157	4S+0V: 4	39.2	10
Total	3 538		1 122	4 658	2 414		54S+27V: 81		

Tabla 5*b*

Habla popular: vocablos, frecuencias y rangos por campos referenciales

CREF	FC	RA	FP	FT	DF	SRN	#VOC	RPN	#RP
ELAN	34	9	8	42	26	19	2S+0V:2	9.5	8
HAPV	27	10	13	40	14	45	2S+0V:2	22.5	10
HCRP	416	2	193	609	223	86	1S+5V:6	7.2*	5
HMNO	49	8	6	55	43	11	2S+0V:2	5.5	2
LMNA	155	5	51	206	104	127	4S+4V:8	7.9*	6
SCED	92	6	29	121	63	56	2S+2V:4	7.0*	4
SESP	169	4	26	195	143	95	5S+2V:7	6.8*	3
SOSR	532	1	112	644	420	123	6S+6V:12	5.2*	1
SRIN	174	3	81	255	93	146	3S+5V:8	9.1*	7
TRTM	68	7	23	91	45	51	3S+0V:3	17.0	9
Total	1 716		542	2 258	1 174		30S+24V:54		

* Siglas: FC = frecuencia habla culta; RA = Rango absoluto; FP = frecuencia habla popular; FT = frecuencia total; DF = diferencia de frecuencia entre h. popular y culta (o entre h. culta y popular en tabla 5*a*); SRN = Suma de los rangos de los vocablos del campo; #VOC = Núm. de vocablos (S = sustantivos, V = verbos); RPN = rango ponderado; #RPN = Núm. de rango ponderado, expresado en enteros).

El RPN se obtuvo de dividir la SRN entre el núm. de vocablos. En los campos donde hubo S y V el resultado se dividió entre 2. Cuando el RPN resultó idéntico en dos campos, se dio un #RP más alto al campo que tenía más vocablos.

La clasificación de vocablos en campos da una idea de los conceptos que más se utilizan en el habla culta y popular de la ciudad de México. Sin embargo, es preciso matizar este primer enfoque, ya que es posible que algunos vocablos se concentren en unos pocos hablantes, y no sean representativos de su estrato social[25]. Por eso resulta necesario tomar en consideración las frecuencias y la dispersión de cada campo referencial —del grupo de vocablos y no de cada vocablo. Con ese propósito ordené los campos según dos tipos de rangos: el absoluto y el ponderado.

Campos referenciales y rangos

El rango absoluto indica qué campo fue más frecuente en el habla culta o en el habla popular, sin considerar las diferencias entre ellas, ya que se basa en las frecuencias totales de cada campo[26]. El rango ponderado, en cambio, atiende a las diferencias entre los dos estratos, así como al hecho de que en un determinado campo se hubieran utilizado las dos clases de vocablos[27]. A partir de estos ran-

---

[25] En efecto, al estar limitada mi muestra en cuanto al número de personas encuestadas, no era posible evitar la concentración de unos pocos vocablos. Este hecho —que advertí en algunas entrevistas durante el análisis— me condujo a evaluar los campos referenciales y comparar el habla culta y popular a partir de ellos.

[26] El rango absoluto se obtiene sumando las frecuencias de los vocablos de cada campo referencial. El rango más alto (número 1) corresponde al campo en el que hubo más frecuencias, y el más bajo (número 10), al campo donde se presentaron menos frecuencias (V. tablas 5a y 5b).

[27] Para obtener el rango ponderado se consideran las diferencias de frecuencia de cada vocablo en los dos estratos, lo que produce una diferencia porcentual a favor del estrato en el cual un determinado vocablo fue más frecuente (V. anexos 1 a 4). A esta diferencia porcentual de cada vocablo a favor del habla culta o del habla popular se le asigna un

gos, se pueden señalar las diferencias sociosemánticas más significativas entre los dos estratos que comparo (V. tablas 5*a* y 5*b*, 6*a* y 6*b*).

Tabla 6*a*

Campos referenciales: rangos *ponderado* y *absoluto*

	Habla culta			*Habla popular*	
Campos	*Ponderado*	*Absoluto*	*Campos*	*Ponderado*	*Absoluto*
HAPV	1	3	*SOSR*	1	1
SOSR	2	6	*HMNO*	2	8
SRIN	3	2	*SESP*	3	4
HCRP	4	9	*SCED*	4	6
SCED	5	1	*HCRP*	5	2
HMNO	6	4	*LMNA*	6	5
ELAN	7	5	*SRIN*	7	3
SESP	8	8	*ELAN*	8	9
LMNA	9	10	*TRTM*	9	7
TRTM	10	7	*HAPV*	10	10

rango: el más alto (número 1) corresponde a la mayor diferencia. A continuación se suman los rangos de los vocablos de cada campo referencial. Este resultado se divide entre el número de vocablos del campo para obtener el rango del campo. Si un determinado campo tiene dos tipos de vocablos (sustantivos y verbos) el resultado se divide entre dos, para así tomar en consideración el empleo de las dos clases de palabras (la mayor dispersión del campo referencial). Al número que se obtiene se le asigna un entero: el rango 1 corresponde al resultado más bajo (pero al rango más alto), y el 10 al más alto (que corresponde al rango más bajo). En los casos de igualdad de resultados, se asignó un rango superior al campo donde hubo más vocablos (V. tablas 5*a* y 5*b*).

Tabla 6 *b*

Campos referenciales: rangos *absoluto* y *ponderado*

	Habla culta			*Habla popular*	
Campos	*Absoluto*	*Ponderado*	*Campos*	*Absoluto*	*Ponderado*
SCED	1	5	*SOSR*	1	1
SRIN	2	3	*HCRP*	2	5
HAPV	3	1	*SRIN*	3	7
HMNO	4	6	*SESP*	4	3
ELAN	5	7	*LMNA*	5	6
SOSR	6	2	*SCED*	6	4
TRTM	7	10	*TRTM*	7	9
SESP	8	8	*HMNO*	8	2
HCRP	9	4	*ELAN*	9	8
LMNA	10	9	*HAPV*	10	10

Conforme al rango absoluto (RA), las personas más instruidas hablan sobre todo de cultura y educación (SCED: RA1), de sus relaciones con los demás (SRIN: RA2), y utilizan un buen número de términos referidos a atributos psicológicos y valores (HAPV: RA3). Por su parte, en el otro estrato se habla de ocupaciones y servicios (SOSR: RA1), de acciones corporales (HCRP: RA2) y de las relaciones con los demás (SRIN: RA3). En cambio, lo que menos se menciona en el habla culta son los elementos naturales o artificiales (LMNA: RA10), y en el habla popular, lo relativo a atributos psicológicos y valores (HAPV: RA10). Si se considera el rango ponderado (RP) o relativo, lo que más diferencia el habla culta de la popular son los vocablos referidos a atributos psicológicos y valores (HAPV: RP1), los cuales ocupan, en el habla popular, el último rango (HAPV: RP10).

Por otra parte, si no se consideran las frecuencias sino sólo el número de vocablos (V. tablas 5*a* y 5*b*), los campos preponderantes en el habla culta son cultura y educación (SCED: 25 vocablos), relaciones interpersonales (SRIN: 20 vocablos) y atributos psicológicos y valores (HAPV: 14 vocablos). En cambio, en el habla popular los campos con más vocablos fueron ocupaciones y servicios (SOSR: 12 vocablos), relaciones interpersonales (SRIN: 8 vocablos), y elementos naturales y artificiales (LMNA: 8 vocablos).

Es importante señalar, además, que los campos de uno y otro estrato difieren no sólo cuantitativamente, sino también desde el punto de vista del contenido (tabla 4). Para mostrar este aspecto —y considerando lo que antes he descrito—, he intentado, después del análisis, una síntesis. Los dos textos que siguen tienen ese propósito, pero no pretenden mostrar en todos sus matices la temática de los estratos que he estudiado. Deben considerarse sólo como una forma de ilustrar algunos de los aspectos del habla culta y popular que se derivan de esta investigación. Para hacerlo me apoyo en los campos más frecuentes y en los vocablos más caracterizadores de cada uno de los estratos, que aparecen en cursivas.

Las personas del nivel culto se preocupan por *poder entender* las *ideas* y los *puntos de vista*. *Sienten* que *deben desarrollar* una *cultura* y una *educación*. *Leer* y *escribir* es para ellos la *base* que *necesitan* para *estudiar* una *carrera* en la *escuela*, para *prepararse*.

Creen además en *educar* en el *hogar* con *ejemplos*. La *familia*, el *padre* y la *madre*, *tratan* a los *hijos* con *respeto*: los *cuidan* y les *cuentan* muchas *cosas*, pero también les *exigen* en la *casa*. *Juzgan* a la *gente* por sus *formas* y *maneras* y les *encantan* las *películas* y los *deportes*.

En el otro nivel, el popular, les interesa el *comercio*. *Compran* sobre todo en el *mercado*. Allí *pagan* lo que les *venden* a veces por *kilo*. *Se levantan* temprano durante la *semana* para *agarrar* el *camión* [autobús]. Tal vez los *domingos platican* con sus *compañeros* o *andan buscando novia*. Les gusta *ayudar* y *preguntar* para que les *expliquen*. Les preocupa que les *quiten* el *agua*, y se divierten *viendo* a los *equipos* en los *campos* deportivos durante el *campeonato*, o cuando alguien del *grupo toca* algunas *canciones* por la *noche*.

Conclusiones

En esta investigación he abordado tanto aspectos formales como de contenido del habla culta y popular de la ciudad de México. He partido de la suposición de que hay diferencias de los dos tipos entre los dos estratos. Esa suposición se confirmó con los resultados. En efecto, el habla culta tiene enunciados más largos, es más densa y utiliza más vocablos que el habla popular.

En cuanto al contenido, hay una diferencia muy significativa en el empleo de vocablos con referentes no perceptibles, que fueron más frecuentes en el habla culta. Por otra parte, en el habla popular predominan unos campos referenciales y otros en el habla culta. Además, los vocablos que utilizan uno y otro estrato en los mismos campos son también distintos. Esto se refuerza por el hecho de que en el habla culta los conceptos no perceptibles se concentran en cultura y educación (SCED), relaciones interpersonales (SRIN) y atributos psicológicos y valores (HAPV) —los tres campos más frecuentes desde el punto de vista de su rango absoluto. En cambio, en el habla popular no se aprecia una concentración, sino más bien una dispersión de ese tipo de referentes en diferentes campos.

Los resultados permiten señalar algunas semejanzas en relación con los que obtuve en mis investigaciones anteriores. En la muestra de nivel nacional que estudié previamente, los conceptos de tipo no perceptible fueron claramente más frecuentes, en las dos clases de palabras, en el estrato alto[28]. En cuanto al léxico, los campos predominantes en el mismo estrato fueron muy parecidos a los que ahora encontré[29].

En cambio, en el habla popular hay diferencias significativas en relación con la importancia de los campos referenciales con respecto a mis resultados para la ciudad de México. En el nivel nacional los campos más caracterizadores de las diferencias entre los dos estratos fueron alimentos y cultura y educación, que ocuparon, respectivamente, el primero y el último rango en el habla popular. Por otra parte, en el habla culta ocupó el primer rango cultura y educación, y alimentos el último (Ávila 1991:103, y Ávila 1997:114).

Las diferencias podrían explicarse por el hecho de que en la muestra nacional se incluyeron, en el estrato bajo, personas —sobre todo campesinos[30]— con importantes

[28] V., para los sustantivos, Ávila (1991); y para los verbos Ávila (1997).

[29] En los sustantivos de la muestra nacional que analicé previamente (Ávila 1991), los campos de los primeros cuatro rangos del nivel alto fueron cultura y educación, servicios, atributos psicológicos y relaciones interpersonales. En cuanto a los verbos (Ávila 1997), los campos más frecuentes fueron atributos psicológicos, cultura y educación, y relaciones interpersonales.

[30] En la muestra nacional es frecuente el léxico rural. Las entrevistas —hechas para el *ALEM* (1990)— buscaban precisamente diferencias léxicas entre las zonas. Estas diferencias aparecen sobre todo en los hablantes con menor nivel de instrucción. Por otra parte, el léxico que

carencias económicas y de otros tipos —lo que explica su emigración a las ciudades. Ellos hablaron de sus necesidades básicas, mientras que en el estrato alto, ya superadas esas necesidades, se habló más frecuentemente de educación y cultura.

Evidentemente la situación no es la misma en la capital del país. Por eso en la ciudad de México las referencias a alimentos no fueron significativas en ninguno de los dos estratos. En cambio, sí hubo diferencias en el campo de la cultura y la educación, pero no tan marcadas como las que encontré en la muestra nacional.

Es natural que las personas hablen de temas que les interesan de acuerdo con su condición social, su trabajo y sus ingresos y sus intereses[31]. Aunque se discutan las relaciones entre lenguaje y grupo social, no parece haber discrepancias en lo relativo a las diferencias entre el lenguaje de estratos sociales diferentes (Kress y Hodge, 1975:65)[32]. Esto explica el hecho de que —dentro de los términos que he empleado en esta investigación— se utilicen campos referenciales diferentes, tanto cuantitativa como cualitativamente, en grupos sociales distintos. Consecuentemente, las diferencias sociosemánticas deben ser mayores conforme sea mayor la desigualdad social: se encontrarán más entre un obrero y un intelectual si son

---

recogí se asemeja al que podría encontrarse en el diccionario de una lengua indígena americana, según observó T. Smith. Esto sugiere que, en cuanto al vocabulario, la visión de esas lenguas está condicionada por el ambiente y el tipo de relaciones económicas y de trabajo.

[31] He comentado esto antes (Ávila 1991:70). Cf. asimismo Guy (1988:37).

[32] Para esos investigadores, "the only question to decide concern the function of these differences and their role in a total economic and social order" (Kress y Hodge 1979:65).

mexicanos que si son franceses (cf. Bourdieu 1979), pero en uno y otro caso existen. En ese mismo sentido, se puede decir que un intelectual y un banquero, aunque utilicen las mismas formas lingüísticas, son necesariamente diferentes en el contenido de sus discursos[33].

Sin embargo, el hecho de que los estratos sociales hablen de manera diferente tanto desde el punto de vista de la forma como del contenido, no implica que uno de los discursos sea mejor que el otro. Labov (1972:179) ha señalado la grandilocuencia de la clase media, su tendencia a matizar en exceso y su frecuente actitud de buscar *status* mediante recursos lingüísticos, lo que a veces produce discursos vacíos o difíciles de comprender. También se ha discutido la idea de Bernstein de que el estrato menos privilegiado tiene dificultades para generalizar o abstraer[34].

Frente a esto, se puede decir que en el habla popular sí se utiliza el léxico abstracto en forma activa —y pasivamente sin duda se comprenden más vocablos—, aunque menos frecuentemente que en el habla culta. Ciertamente hay una diferencia, condicionada socialmente, en el senti-

---

[33] Como dice Lavandera (1984:15-16), "El miedo a hacer afirmaciones que pongan en duda la 'igualdad' lingüística, cultural y cognitiva de todos los seres humanos" ha conducido a algunos sociolingüistas —continúa— a "rechazar la posibilidad [...] de que distintos grupos sociales o distintas situaciones tengan necesidades y propósitos diferentes en cuanto al tipo de mensajes que se intercambian, y por lo tanto, esas diferencias condicionen la elección de los significados que permiten transmitir tales mensajes".

[34] De acuerdo con Bernstein (1971) el código restringido —más frecuente en los estratos bajos que en los medios— supone limitaciones en las posibilidades de generalizar y de abstraer. V. al respecto la discusión que aparece en Kress & Hodges (1979:67-68). Sobre la idea del estereotipo de una clase social y sus peligros, cf. Halliday (1978:23). V. asimismo mis propios argumentos al respecto en Ávila (1985:345 *ss*).

do de que un estrato utiliza más frecuentemente ese tipo de léxico, pero diferencia no significa deficiencia. Todo grupo social es diferente, y se define precisamente por sus diferencias, a veces difíciles de precisar. Y así como el que tiene más riqueza económica no necesariamente se alimentará bien si no sabe dietética, quien tiene un mayor vocabulario no necesariamente va a ser más eficiente en la comunicación.

En todo caso, lo importante es destacar que la sociedad y la escuela se han interesado más por los síntomas —las diferencias de forma que todos perciben— y menos por los símbolos —que son más difíciles de ubicar[35]. Lo que importa es cambiar de actitud para valorar más los símbolos y preocuparse menos por los síntomas.

Referencias bibliográficas

ALEM (1990): *Atlas lingüístico de México*, tomo 1: *fonética*; dirigido por Juan M. Lope Blanch; México: El Colegio de México - Fondo de Cultura Económica.

Albert, E. M., 1972: "Culture patterning of speech behavior in Burundi", en Gumperz y Hymes 1972, pp. 72-105.

Ávila, R., 1985: "La langue espagnole et son enseignement: oppresseurs et opprimés", en J. Maurais (ed.), *La crise des langues* (Québec, Conseil de la Langue Française; Paris, Le Robert), pp. 331-364.

---

[35] La sociedad aprueba un tipo de lenguaje que llama "correcto" porque corresponde al uso de los grupos prestigiosos, y rechaza toda norma divergente. Sin embargo, esa aprobación —reitero, con Bourdieu— se sustenta fundamentalmente en las diferencias formales, más que en las de contenido (cf. Bourdieu 1990:127).

Ávila, R., 1988*a*: "Análisis de textos escritos en población escolar mexicana", en A. Ardila y F. Ostrosky-Solís (eds.), *Lenguaje oral y escrito* (México, Trillas), pp. 194-206.

Ávila, R., 1988*b*: "Lengua hablada y estrato social: un acercamiento lexicoestadístico", *Nueva Revista de Filología Hispánica*, 36, pp. 131-148. [Publicado en este mismo libro.]

Ávila, R., 1991: "Sobre semántica social: conceptos y estratos en el español de México", *Estudios Sociológicos* (El Colegio de México), IX:26, pp. 279-314. [Publicado en este mismo libro.]

Ávila, R., 1997: "Sociosemántica: referentes verbales en el español de México", *Zeitschrift für romanische Philologie*. Tübingen, t. 113, núm. 2, pp. 208-242. [Publicado en este mismo libro.]

Baldinger, K., 1967: "Structures et systèmes linguistiques", *TLL*, 1, pp. 123-139.

Baldinger, K., 1977: *Teoría semántica: hacia una semántica moderna*, 2a ed., corr. y aum., Madrid, Alcalá.

Bernstein Basil, 1971: *Class, codes and control*, Vol. 1: *Theoretical studies towards a sociology of language*, London, Routledge & Kegan Paul.

Bourdieu, Pierre 1979: *La distinction*, Paris, Les Éditions de Minuit.

Bourdieu, Pierre, 1990: *Sociología y cultura*, México, Conaculta-Grijalbo.

Bühler, Karl, 1967: *Teoría del lenguaje*, Madrid, Rev. de Occidente.

Casares, Julio, 1959: *Diccionario ideológico de la lengua española*, 2a. ed., Barcelona, G. Gili.

Coseriu, E., 1964: "Pour une sémantique diachronique structurale", *TLL*, núm 1, pp. 139-186.

DEM 1986: *Diccionario básico del español de México*, dirigido por L. F. Lara, México, El Colegio de México.

Dornseiff, Franz, 1970: *Der deutsche Wortschatz nach Sach-gruppen*, 7. Aufl., Berlin, Walter de Gruyter [1. Aufl. 1933].

DRAE 1992: Real Academia Española, *Diccionario de la lengua española*, 21ª ed., Madrid, Real Academia Española.

Dutch, Robert A., 1962: *Roget's Thesaurus of English words and phrases*, new ed. rev. and modernized by..., London, Longmans Green.

Exegesis 1992: R. Ávila (diseño) e IBM (programación), *Exegesis* (programa de cómputo), El Colegio de México e IBM de México.

Gumperz, John J., y Dell Hymes (eds.), 1972: *Directions in sociolinguistics. The ethnography of communication*; New York, Holt, Rinehart & Winston.

Guy, G. R., 1988: "Language as social class", en Newmeyer (1988), pp. 37-63.

Habla culta 1971: *El habla [culta] de la ciudad de México. Materiales para su estudio*, México, Universidad Nacional Autónoma de México. (*Publicaciones del Centro de Lingüística Hispánica*, 3).

Habla popular 1976: *El habla popular de la ciudad de México. Materiales para su estudio*, México, Universidad Nacional Autónoma de México. (*Publicaciones del Centro de Lingüística Hispánica*, 4).

Halliday, M. A. K., 1970: "Language structure and language function", en J. Lyons (ed.), *New horizons in linguistics* (Middlesex, Penguin), pp. 140-165.

Halliday, M. A. K., 1978: *Language as social semiotics*, London, Edward Arnold.

Hallig, R., & W. von Wartburg, 1963: *Begriffssystem als Grundlage für die Lexikographie = Système raisonné des concepts pour servir de base à la lexicographie. Essay d' un schéma de classement*. 2e. éd. recomposée et augmentée [1a ed 1952],

Berlin, Akademie Verlag. (Deutsche Akademie der Wissenschaften zu Berlin).

Heger, K., 1965: "Les bases méthodologiques de l'onomasiologie et du classement par concepts", *TLL* núm. 1, pp. 7-32.

Hymes, D., 1972: "Models of interaction of language and social life", en Gumperz y Hymes 1972, pp. 35-71.

Hymes, D., 1974: "Hacia etnografías de la comunicación", en P. Garvin y Y. Lastra (eds.), *Antología de estudios de etnolingüística y sociolingüística* (México, Universidad Nacional Autónoma de México), pp. 48-89.

Jakobson 1963: "Linguistique et poétique", en sus *Essais de linguistique générale*, trad. par N. Ruwet, Paris, Editions du Minui.

Klare, G. R., 1978: "Assessing readability", en L. J. Chapman y P. Czerniewska (eds.), *Reading from process to practice* (London, 1978).

Kress, G., & R. Hodge, 1979: *Language as Ideology*, London, Routledge & Kegan Paul.

Labov, W., 1972: "The logic of non-standard English", en P. Giglioli (ed.), *Language and social context* (London, Penguin), pp. 179-215.

Lavandera, Beatriz 1984: *Variación y significado*, Buenos Aires, Hachette.

Lavandera, B. 1988: "The study of language in its socio-cultural context", en Newmeyer 1988, pp. 1-13.

Moliner, María, 1983: *Diccionario de uso del español*, 2 ts., Madrid, Gredos.

Newmeyer, Frederick J. (ed.) 1988: *Linguistics: the Cambridge Sur- vey*, Vol. 4: *Language: The socio-cultural context*, Cambridge, Cambridge University Press.

Pottier, B., 1965: "la définition sémantique dans les dictionnaires", *TLL* núm. 1, pp. 33-39.

Stern, C., 1990: "Notas para la delimitación de las clases medias en México", en S. Loaeza y C. Stern (comps.), *Las clases medias en la coyuntura actual* (México, El Colegio de México), pp. 19-27.
TLL: Travaux de Linguistique et de Littérature, Strasbourg.
Walters, K., 1988: "Dialectology", en Newmeyer 1988, pp. 119-139.

Anexo 1*
Habla culta: sustantivos

ambiente   **fc** 22   **fp** 04   **ft** 26   **df** 18   **df%** C450   **rn** CS12
acepciones
CP Medio social, entorno, circunstancia.
contextos
habla culta: "La mujer se puede desarrollar en otro *ambiente* distinto."
habla popular: "[Si uno va solo] se hace más *ambiente*, que «yend'»
    uno [yendo uno] con sus papás."
Sí / No Perceptible NP   **campo referencial** ELAN

amor   **fc** 11   **fp** 04   **ft** 15   **df** 07   **df%** C175   **rn** CS30
acepciones
CP Sentimiento, afecto.

* Siglas: **fc** = frecuencia habla culta; **fp** = frecuencia habla popular; **ft** = frecuencia total; **df** = diferencia entre la frecuencia mayor y la frecuencia menor; **df%** = diferencia porcentual (frec. mayor *menos* frec. menor *entre* frec. menor *por* 100); C = (a favor del habla) Culta (anexos 1 y 2), P (a favor del habla) Popular (anexos 3 y 4); **rn** = rango dentro del campo referencial; CS = habla culta, sustantivo (anexo 1); CV = habla culta, verbo (anexo 2); PS = habla popular, sustantivo (anexo 3); PV = habla popular, verbo (anexo 4); (en **acepciones**) C = habla culta; P = habla popular; NP = No perceptible; SP = Sí perceptible. Para las siglas de los campos referenciales, v. p. 162 o tabla 4.

contextos
habla culta: "Necesitamos dar *amor* y que se nos dé."
habla popular: "¿Quién es Enedina? ¡Tu grande [sic] *amor*!"
Sí / No Perceptible NP   **campo referencial** HAPV

aspecto   **fc** 17   **fp** 01   **ft** 18   **df** 16   **df%** C1600   **rn** CS01
acepciones
CP Sentido, apariencia, tópico.
contextos
habla culta: "Ya está en la edad en que empieza a despertar en ese *as-pecto*."
habla popular: "Yo tuve la culpa en ese *aspecto*."
Sí / No Perceptible NP   **campo referencial** SCED

base   **fc** 20   **fp** 06   **ft** 26   **df** 14   **df%** C233   **rn** CS20
acepciones
CP Fundamento.
contextos
habla culta: "Gente más o menos educada y con unas *bases* morales bastante firmes."
habla popular: "La *base* principal es el dinero."
Sí / No Perceptible NP   **campo referencial** SCED

caballo   **fc** 17   **fp** 00   **ft** 17   **df** 17   **df%** C100+   **rn** CS38
acepciones
C Corcel.
contextos
habla culta: "Y además el *caballo* sabía ver los semáforos."
Sí / No Perceptible SP   **campo referencial** LMNT

carrera   **fc** 31   **fp** 13   **ft** 44   **df** 18   **df%** C138   **rn** CS33
acepciones
CP Ciclo de estudios.

contextos

habla culta: "En primero y segundo, tuve que dejar deportes, tuve que dejar todo, y dedicarme exclusivamente a la *carrera*. "

habla popular: "Bueno, si no tengo dinero para sostenerlo más, otra *carrera* más, «pos» no, no se puede."

Sí / No Perceptible NP   **campo referencial** SCED

casa   **fc** 114 **fp** 48   **ft** 162 **df** 66   **df%** C137   **rn** CS34

acepciones

CP Vivienda.

contextos

habla culta: "Todo dentro de su *casa*: no salen, no conocen la banqueta."

habla popular: "Mi mamá, en primera, como siempre ella ha trabajado, pues nunca ha estado [mucho tiempo] en la *casa*."

Sí / No Perceptible SP   **campo referencial** ELAR

caso   **fc** 31   **fp** 11   **ft** 42 **df** 20 **df%** C181 **rn** CS27

acepciones

CP Circunstancia, situación.

contextos

habla culta: "También [hace falta] cierta cultura para poder actuar en un *caso* previsto."

habla popular: "Su *caso* de este niño es especial. Entonces, «usté» va tener que hablar con el director para que le dé una prórroga."

Sí / No Perceptible NP   **campo referencial** SCED

clase   **fc** 31   **fp** 08   **ft** 39   **df** 23   **df%** C287   **rn** CS19

acepciones

C Enseñanza escolar; P Tipo, calidad.

contextos

habla culta: "No puedo darte tiempo para que te vayas todo el día, en la mañana, a recibir tus *clases* en la [escuela] preparatoria [preuniversitaria]."

habla popular: "Venden toda *clase* de comidas, principalmente yucatecas."

Sí / No Perceptible NP   **campo referencial** SCED

cosa   **fc** 251 **fp** 142 **ft** 393 **df** 109 **df%** C076 **rn** CS53
acepciones
CP Cuestión, tema, asunto.
contextos
habla culta: "Ya luego vino la *cosa* de tomarlo un poquito en serio."
habla popular: "«Pos» [pues] mira, te voy a decir una *cosa*: Yo y él nos conocimos en la escuela."
Sí / No Perceptible NP   **campo referencial** SCED

cuestión   **fc** 19 **fp** 03 **ft** 22 **df** 16 **df%** C533 **rn** CS07
acepciones
CP Asunto, materia.
contextos
habla culta: "Ya es *cuestión* de ellos."
habla popular: "En *cuestión* de ropa o alguna cosa, pues lo compran «pa» todos."
Sí / No Perceptible NP   **campo referencial** SCED

cultura   **fc** 40 **fp** 00 **ft** 40 **df** 40 **df%** C100+ **rn** CS38
acepciones
C Conocimiento, sabiduría.
contextos
habla culta: "Pero no tienen una *cultura*, propiamente, una visión amplia."
Sí / No Perceptible NP   **campo referencial** SCED

deporte   **fc** 28 **fp** 00 **ft** 28 **df** 28 **df%** C100+ **rn** CS38
acepciones
C Actividad física de competencia o recreación.

contextos

habla culta: "El *deporte* que él quiera o que piense desarrollar, que lo desarrolle, y como una distracción."

Sí / No Perceptible SP   **campo referencial** SESP

derecho   **fc** 13   **fp** 06   **ft** 19   **df** 07   **df%** C116   **rn** CS36

acepciones

CP Facultad y libertad de hacer o exigir algo.

contextos

habla culta: "La mujer, cuando lleva dinero a su casa, se siente con *derecho* a exigir y a ordenar."

habla popular: "Ya no va a tener *derecho* a… a seguro social."

Sí / No Perceptible NP   **campo referencial** HAPV

edad   **fc** 22   **fp** 12   **ft** 34   **df** 10   **df%** C083   **rn** CS51

acepciones

CP Tiempo que se ha vivido.

contextos

habla culta: "Pero de chamacos [chicos, niños], digamos hasta la *edad* de doce años, una cosa así, lo tomábamos como diversión."

habla popular: "Le digo yo que me vine a la *edad* de trece años con una tía."

Sí / No Perceptible NP   **campo referencial** TRTM

educación   **fc** 13   **fp** 06   **ft** 19   **df** 07   **df%** C116   **rn** CS36

acepciones

CP Formación, instrucción.

contextos

habla culta: "Porque no va con su manera de ser: porque no va con su *educación*."

habla popular: "Si tiene uno hijos, [es necesario] sobrellevarse, darles una *educación* bien."

Sí / No Perceptible NP   **campo referencial** SCED

ejemplo		**fc** 86	**fp** 38	**ft** 124	**df** 48	**df%** C126	**rn** CS35
acepciones
CP Hecho representativo o imitable.
contextos
habla culta: "El *ejemplo* de la casa siempre se ve."
habla popular: "¿Y qué sientes, digo, al componer una canción? Por *ejemplo*, esa que acabamos de mencionar."
Sí / No Perceptible NP		**campo referencial** SCED

época		**fc** 14	**fp** 05	**ft** 19	**df** 09	**df%** C180	**rn** CS28
acepciones
CP Etapa, temporada.
contextos
habla culta: "Decía que era la mejor *época* de su vida."
habla popular: "Te diré que en aquella *época* las personas eran bien «superticiosas»."
Sí / No Perceptible NP		**campo referencial** TRTM

escuela		**fc** 34	**fp** 22	**ft** 56	**df** 12	**df%** C054	**rn** CS54
acepciones
CP Centro de enseñanza, institución.
contextos
habla culta: "No la mandaron a la *escuela* porque estaba mal visto."
habla popular: "Se paran a la carrera, nomás lavándose, y se van a la *escuela*, a veces, sin desayunar y nada."
Sí / No Perceptible SP		**campo referencial** SCED ELAR

falta		**fc** 18	**fp** 04	**ft** 22	**df** 14	**df%** C350	**rn** CS13
acepciones
CP Hecho de no haber algo que se desea.
contextos
habla culta: "Lo que antes era disciplina por miedo, se vuelve indisciplina y al tú por tú: la *falta* de respeto total hacia el padre."

habla popular: "Es por *falta* de […] dinero."
Sí / No Perceptible NP   **campo referencial** SRIN

familia   **fc** 41   **fp** 10   **ft** 51   **df** 31   **df%** C310   **rn** CS17
acepciones
CP Grupo social básico.
contextos
habla culta: "No es posible estar trayendo a la *familia* como gitanos de
     un lugar a otro."
habla popular: "Le digo a «usté» que depende [de] la *familia*."
Sí / No Perceptible SP   **campo referencial** SRIN

forma   **fc** 24   **fp** 09   **ft** 33   **df** 15   **df%** C166   **rn** CS32
acepciones
CP Modo, manera de tratar a alguien o hacer algo.
contextos
habla culta: "Nos educaron en una *forma* demasiado idealista: de no
     mentir."
habla popular: "Es que «teng'» una *forma* de contestar, que dicen que
     muchas veces la toman a mal."
Sí / No Perceptible NP   **campo referencial** SRIN

gente   **fc** 95   **fp** 35   **ft** 130   **df** 60   **df%** C171   **rn** CS31
acepciones
CP Conjunto de personas.
contextos
habla culta: "Bueno, pero qué curioso, que a la *gente* lo que le dio por
     ponerle sean collares."
habla popular: "Oiga: y aquí la *gente* es muy unida, ¿no?"
Sí / No Perceptible SP   **campo referencial** SRIN

hijo   **fc** 156   **fp** 55   **ft** 211   **df** 101   **df%** C183   **rn** CS26
acepciones
CP Vástago.

contextos

habla culta: "Y el padre debe cuidar su vida para el *hijo*."

habla popular: "Y el *hijo* que está soltero se irá, y el casado «pus» yo «creó» se queda."

Sí / No Perceptible SP   **campo referencial** SRIN

hogar   **fc** 63   **fp** 10   **ft** 73   **df** 53   **df%** C530 **rn** CS08

acepciones

CP Familia y morada.

contextos

habla culta: "Me encanta mi casa y me encanta mi *hogar*."

habla popular: "Pero a la vez piensas en tu familia, en tu *hogar*."

Sí / No Perceptible NP   **campo referencial** SCED SRIN

hombre   **fc** 146   **fp** 33   **ft** 179   **df** 113   **df%** C342   **rn** CS15

acepciones

CP Persona de sexo masculino.

contextos

habla culta: "Tú ves la injusticia, luego, del *hombre*, de tener siempre sujeta a la mujer."

habla popular: "Ya se le casó un *hombre* y una mujer."

Sí / No Perceptible SP   **campo referencial** HMNO

idea   **fc** 17   **fp** 00   **ft** 17   **df** 17   **df%** C100+ **rn** CS38

acepciones

C Concepto, noción

contextos

habla culta: "Digo, ésa es la *idea* que tenemos nosotros."

Sí / No Perceptible NP   **campo referencial** HAPV

iglesia   **fc** 22   **fp** 07   **ft** 29   **df** 15   **df%** C214   **rn** CS22

acepciones

CP Templo.

contextos

habla culta: "Vaya a la *iglesia*, platíquele esto a Dios, piénselo, sea usted un poco más sufrida."

habla popular: "Ya ve que en muchas *iglesias* hay órganos."

Sí / No Perceptible SP   **campo referencial** SCED ELAR

interés   **fc** 18   **fp** 02   **ft** 20   **df** 16   **df%** C800   **rn** CS05
acepciones

CP Inclinación, gusto.

contextos

habla culta: "No tuve ningún medio ambiente que me favoreciera a tener *interés* de estudiar."

habla popular: "Quizá tendría *interés* en él, yo me imagino eso."

Sí / No Perceptible NP   **campo referencial** HAPV

lugar   **fc** 51   **fp** 28   **ft** 79   **df** 23   **df%** C082   **rn** CS52
acepciones

CP Sitio.

contextos

habla culta: "La gente preparada se va a buscar otro empleo en otro *lugar*."

habla popular: "Me gusta demasiado el *lugar*, el ambiente, las personas que vienen aquí."

Sí / No Perceptible NP   **campo referencial** ENTR

madre   **fc** 27   **fp** 03   **ft** 30   **df** 24   **df%** C800   **rn** CS05
acepciones

CP Mujer que ha tenido un hijo.

contextos

habla culta: "No puede haber unidad, porque no se puede dedicar ni la *madre* ni el padre a ellos [a los hijos]."

habla popular: "[Preguntaron] que si estábamos todos los padres y las *madres* de acuerdo en que les dieran todas esas clases."

Sí / No Perceptible SP   **campo referencial** SRIN

manera   **fc** 31   **fp** 03   **ft** 34   **df** 28   **df%** C933   **rn** CS03
acepciones
CP Modo, forma de ser.
contextos
habla culta: "Necesito que las personas que se lleven conmigo sean po-
    co más o menos de mi *manera* de pensar en rectitud y en esas cosas."
habla popular: "¡De todas *maneras* me pagan!"
Sí / No Perceptible NP   **campo referencial** SRIN

máquina   **fc** 20   **fp** 00   **ft** 20   **df** 20   **df%** C100+ **rn** CS38
acepciones
C Aparato.
contextos
habla culta: "Esa *máquina* está haciendo la misma operación de perfo-
    ración."
Sí / No Perceptible SP   **campo referencial** SOSR LART

marido   **fc** 59   **fp** 00   **ft** 59   **df** 59   **df%** C100+ **rn** CS38
acepciones
C Esposo.
contextos
habla culta: "Después, al casarme, siempre colaboré con mi *marido* en
    su oficina."
Sí / No Perceptible SP   **campo referencial** SRIN

matrimonio **fc** 37   **fp** 06   **ft** 43   **df** 31   **df%** C516   **rn** CS09
acepciones
CP Casamiento.
contextos
habla culta: "No le puede ofrecer *matrimonio*, porque, pues no creen
    en ello."

habla popular: "El hombre dice que es pesado el *matrimonio*."
Sí / No Perceptible NP   **campo referencial** SRIN

médico   **fc** 19   **fp** 00   **ft** 19   **df** 19   **df%** C100+ **rn** CS38
acepciones
C Persona que ejerce la medicina.
contextos
habla culta: "Yo le aconsejaría que fuera a ver usted a un *médico*."
Sí / No Perceptible SP   **campo referencial** SOSR

momento   **fc** 21   **fp** 11   **ft** 32   **df** 10   **df%** C090   **rn** CS50
acepciones
CP Instante.
contextos
habla culta: "Oígame un *momento*: a mí se me presentó un problema y
    no fue así…"
habla popular: "Fíjese que llega un *momento* en [que] uno se fastidia."
Sí / No Perceptible NP   **campo referencial** TRTM

mujer   **fc** 234 **fp** 40   **ft** 274   **df** 194 **df%** C485   **rn** CS10
acepciones
CP Persona adulta de sexo femenino.
contextos
habla culta: "Entonces, como única *mujer*, tuve que hacerme cargo de
    la casa."
habla popular: "¿Quién se va a poner con una *mujer*?"
Sí / No Perceptible SP   **campo referencial** HMNO
mundo   **fc** 28   **fp** 03   **ft** 31   **df** 25   **df%** C833   **rn** CS04
acepciones
CP Conjunto de personas.
contextos
habla culta: "Las de ahora se dedican a sacar a todo *mundo* en bikini."
habla popular: "Todo el *mundo* me han [sic] dicho así."
Sí / No Perceptible NP   **campo referencial** SRIN

nivel **fc** 28 **fp** 00 **ft** 28 **df** 28 **df%** C100+ **rn** CS38

acepciones

C Grado de una cualidad.

contextos

habla culta: "El *nivel* de la cultura del oficial mexicano, ya es muy diferente."

Sí / No Perceptible NP   **campo referencial** SCED

obra **fc** 17 **fp** 00 **ft** 15 **df** 15 **df%** C100+ **rn** CS38

acepciones

C Producto, sobre todo cultural.

contextos

habla culta: "Tuve que irme a la... al diccionario, estudiar varias *obras*, consultar, preguntar, pedir orientación por todos lados."

Sí / No Perceptible SP   **campo referencial** SCED

ocasión **fc** 14 **fp** 05 **ft** 19 **df** 09 **df%** C180 **rn** CS28

acepciones

CP Circunstancia, vez, oportunidad.

contextos

habla culta: "Ya había habido como tres o cuatro *ocasiones* que había pasado lo mismo."

habla popular: "He ido dos *ocasiones*."

Sí / No Perceptible NP   **campo referencial** TRTM

padre **fc** 63 **fp** 16 **ft** 79 **df** 47 **df%** C293 **rn** CS18

acepciones

CP Progenitor.

contextos

habla culta: "Debemos todos los matrimonios marchar de común acuerdo, el *padre* y la madre, para tomar las decisiones, para cómo educar a un hijo."

habla popular: "¡«Ora» [ahora] verás con tu *padre*: le voy a decir có-

mo me estás diciendo!"
Sí / No Perceptible SP   **campo referencial** SRIN

país   **fc** 20   **fp** 00   **ft** 20   **df** 20   **df%** C100+   **rn** CS38
acepciones
C Unidad política constituida en un territorio.
contextos
habla culta: "Es un *país* en que tiene apenas una generación y media en
     que la mujer está trabajando."
Sí / No Perceptible NP   **campo referencial** ENTR SCED

película   **fc** 30   **fp** 00   **ft** 30   **df** 30   **df%** C100+   **rn** CS38
acepciones
C Filme.
contextos
habla culta: "Es una *película* preciosa."
Sí / No Perceptible SP   **campo referencial** SESP

plan   **fc** 13   **fp** 04   **ft** 17   **df** 09   **df%** C225   **rn** CS21
acepciones
CP Proyecto.
contextos
habla culta: "No creo que sea tanto lo… que la mujer defienda el *plan*
     económico."
habla popular: "Es que, cuando se hacen *planes*, se derrumba todo."
Sí / No Perceptible NP   **campo referencial** SCED

problema   **fc** 53   **fp** 18   **ft** 71   **df** 35   **df%** C194   **rn** CS25
acepciones
CP Dificultad, complicación.
contextos
habla culta: "Todo eso es perfecto, pero ve al fondo del *problema*."
habla popular: "Por eso tenemos el *problema* de que queremos saber si
     nos venden o no."

Sí / No Perceptible NP   **campo referencial** SCED

profesión   **fc** 17   **fp** 01   **ft** 18   **df** 16   **df%** C1600   **rn** CS01
acepciones
CP Oficio que requiere estudios.
contextos
habla culta: "Hay, por ejemplo, amistades de mi marido que tengo que tratar a fuerza ¿no?, por su *profesión*."
habla popular: "Tú tienes tu trabajo y lo tuyo en la guitarra. Porque también puede ser una *profesión*."
Sí / No Perceptible NP   **campo referencial** SOSR

punto   **fc** 35   **fp** 06   **ft** 41   **df** 29   **df%** C483   **rn** CS11
acepciones
C *Punto de vista* Manera de considerar un asunto; P Tema, cuestión.
contextos
habla culta: "Eso es visto desde un *punto de vista* más ético, más amplio."
habla popular: "El cuarto *punto* ya es asuntos generales."
Sí / No Perceptible NP   **campo referencial** HAPV

razón   **fc** 17   **fp** 04   **ft** 21   **df** 13   **df%** C325   **rn** CS16
acepciones
C Certidumbre; P Motivo.
contextos
habla culta: "No niego que lo que tú dices, tienes mucha *razón*."
habla popular: "Ya no hay *razón* para que lo estén calumniando."
Sí / No Perceptible NP   **campo referencial** HAPV

respeto   **fc** 18   **fp** 00   **ft** 18   **df** 18   **df%** C100+   **rn** CS38
acepciones
C Consideración, cortesía.

contextos
habla culta: "Creen que está loco o que es una injuria, una falta de *respeto*."
Sí / No Perceptible NP   **campo referencial** SRIN

situación   **fc** 12   **fp** 04   **ft** 16   **df** 08   **df%** C200   **rn** CS23
acepciones
CP Circunstancia.
contextos
habla culta: "Es una rebeldía hacia esa *situación* de guerras nada más."
habla popular: "Ya estando ellos afuera, pues [...] ya la *situación* ya...
    ya «varea» [varía]."
Sí / No Perceptible NP   **campo referencial** ENTR

tipo   **fc** 18   **fp** 04   **ft** 22   **df** 14   **df%** C350   **rn** CS13
acepciones
CP Clase, índole, modelo.
contextos
habla culta: "Son teorías, si tú quieres, de *tipo* socialista."
habla popular: "Y para ti, ¿qué es lo que más [le ...] gusta a la gente?
    ¿Bolero, ranchero o... o qué *tipo* de [música]?"
Sí / No Perceptible NP   **campo referencial** SCED

vida   **fc** 77   **fp** 26   **ft** 103   **df** 51   **df%** C196   **rn** CS24
acepciones
CP Existencia temporal y ambiente en la que ocurre.
contextos
habla culta: "Decía que era la mejor época de su *vida*, nada más que
    había perdido el tren porque no hacía cuentas."
habla popular: "La *vida* en provincia es más sencilla, pero es más ba-
    rata."
Sí / No Perceptible NP   **campo referencial** ENTR

Anexo 2
Habla culta: verbos

acordarse   **fc** 57   **fp** 06   **ft** 63   **df** 51   **df%** C850   **rn** CV04
acepciones
CP Recordar.
contextos
habla culta: "¿No *te acuerdas* de Cutberto? Uno que tocaba el piano, muy malo."
habla popular: "Todo el tiempo se está *acordando* de él."
Sí / No Perceptible NP   **campo referencial** HAPV

contar   **fc** 15   **fp** 08   **ft** 23   **df** 07   **df%** C087   **rn** CV24
acepciones
C Narrar, relatar; P Considerar, tomar en cuenta.
contextos
habla culta: "¡Qué chistoso nos *contó* sus peripecias que le habían pasado!"
habla popular: "Los aplausos son los que *cuentan*, ¿no?"
Sí / No Perceptible NP   **campo referencial** SCED

creer   **fc** 155   **fp** 72   **ft** 227   **df** 83   **df%** C115   **rn** CV17
acepciones
CP suponer, pensar.
contextos
habla culta: "*Creo* que es una ventaja tremenda la educación mixta."
habla popular: "Pero *creo* que me costó más trabajo ver a ustedes que al presidente."
Sí / No Perceptible NP   **campo referencial** HAPV

cuidar   **fc** 15   **fp** 05   **ft** 20   **df** 10   **df%** C200   **rn** CV12
acepciones
CP Dar cuidados, atender.

contextos

habla culta: "Contéstame esto, ¿quién debe *cuidar* los hijos: el marido o la mujer?"

habla popular: "No, «pus» de… andar *cuidando* los animales en el rancho."

Sí / No Perceptible NP   **campo referencial** SRIN

deber   **fc** 76   **fp** 32   **ft** 108   **df** 44   **df%** C137   **rn** CV16
acepciones
CP (en perífrasis) tener una obligación.

contextos

habla culta: "La mujer *debe* estar tan preparada como el hombre."

habla popular: "No *deben* de entrar ahí, le dijo."

Sí / No Perceptible NP   **campo referencial** HAPV

dedicarse   **fc** 37   **fp** 02   **ft** 39   **df** 35   **df%** C1750   **rn** CV02
acepciones
CP Ocuparse en algo.

contextos

habla culta: "Nunca llegaste a pensar en *dedicarte* seriamente a la natación."

habla popular: "Nada más que en el día se *dedica* a […] lo del trabajo, ¿no?"

Sí / No Perceptible NP   **campo referencial** SOSR

desarrollar **fc** 20   **fp** 01   **ft** 21   **df** 19   **df%** C1900   **rn** CV01
acepciones
C Tener desarrollo.

contextos

habla culta: "Nosotros debemos de *desarrollar* una posición, un nivel."

habla popular: "Entonces, la primera vez que se le *desarrolló* las amigdalitis, este… «l'» [le] entró fiebre."

Sí / No Perceptible NP   **campo referencial** SCED

educar   **fc** 19   **fp** 00   **ft** 19   **df** 19   **df%** C100+   **rn** CV19
acepciones
C Dar educación o instrucción.
contextos
habla culta: "Si tienes ideas diferentes desde un principio, no puedes *educar* a tus hijos."
Sí / No Perceptible NP   **campo referencial** SCED

encantar   **fc** 18   **fp** 01   **ft** 19   **df** 17   **df%** C1700   **rn** CV03
acepciones
CP Agradar, gustar.
contextos
habla culta: "A mí me *encanta* el gazpacho a la andaluza."
habla popular: "Antes le *encantaba* la sopa de arroz, pero yo creo de tanto que le gustaba, le fastidió."
Sí / No Perceptible NP   **campo referencial** HAPV

encontrar   **fc** 26   **fp** 10   **ft** 36   **df** 16   **df%** C160   **rn** CV15
acepciones
CP Hallar algo o a alguien.
contextos
habla culta: "[El] buen ejemplo, los consejos, la ternura, el respeto… [los] *encuentran* en la casa."
habla popular: "Y donde vaya…, ¿yo voy a *encontrar* trabajo?"
Sí / No Perceptible NP   **campo referencial** SRIN

entender   **fc** 22   **fp** 04   **ft** 26   **df** 18   **df%** C450   **rn** CV07
acepciones
CP Comprender.
contextos
habla culta: "Están los que *entienden* la mente de los hombres, ¿no?"
habla popular: "No se le *entiende* a ese doctor: primero que no coma; luego que sí, que sí coma."
Sí / No Perceptible NP   **campo referencial** HAPV

escribir   **fc** 16   **fp** 02   **ft** 18   **df** 14   **df%** C700   **rn** CV05

acepciones

CP Redactar.

contextos

habla culta: "Quemé mis cartas que yo le *escribí* a Manuel, porque él las tenía todas archivadas, tú, en un portafolio."

habla popular: "Bastante hacía el chamaco con saber leer y *escribir*."

Sí / No Perceptible SP   **campo referencial** SCED

escuela   **fc** 34   **fp** 22   **ft** 56   **df** 12   **df%** C054   **rn** CS54

acepciones

CP Centro de enseñanza, institución.

contextos

habla culta: "No la mandaron a la *escuela* porque estaba mal visto."

habla popular: "Se paran a la carrera, nomás lavándose, y se van a la *escuela*, a veces, sin desayunar y nada."

Sí / No Perceptible SP   **campo referencial** SCED ELAR

estudiar   **fc** 55   **fp** 33   **ft** 88   **df** 22   **df%** C066   **rn** CV26

acepciones

CP aprender, tener estudios.

contextos

habla culta: "Yo me empeñé en *estudiar* comercio."

habla popular: "«Pos» yo *estudié*… ¡«ora» sí que [para] andar picándole la cola a los bueyes en mi tierra!"

Sí / No Perceptible NP   **campo referencial** SCED

exigir   **fc** 15   **fp** 00   **ft** 15   **df** 15   **df%** C100+   **rn** CV19

acepciones

C demandar, hacer una exigencia.

contextos

habla culta: "¿A quién le puedes *exigir* que las cosas estén listas, si la persona a la que lo tienes que *exigir* no está?"

Sí / No Perceptible NP   **campo referencial** SRIN

juzgar   **fc** 17   **fp** 00   **ft** 17   **df** 17   **df%** C100+ **rn** CV19
acepciones
C Enjuiciar, opinar.
contextos
habla culta: "No puedes *juzgar* a la mujer por el hecho de estar en su
    casa."
Sí / No Perceptible NP   **campo referencial** HAPV

leer   **fc** 16   **fp** 06   **ft** 22   **df** 10   **df%** C166 **rn** CV13
acepciones
CP Comprender lo escrito.
contextos
habla culta: "Si acaso, *leen* el periódico de sociales."
habla popular: "Por eso prefiero llegar a mi casita, «m'» encierro y me
    pongo a *leer* el periódico."
Sí / No Perceptible SP   **campo referencial** SCED

morir   **fc** 32   **fp** 12   **ft** 44   **df** 20   **df%** C166 **rn** CV13
acepciones
CP fallecer.
contextos
habla culta: "Un torero que se *muere* en el ruedo… se consagra."
habla popular: "Se *murió* así de algún golpe que se haya dado, o se
    murió así de la muerte natural."
Sí / No Perceptible SP   **campo referencial** HCRP

nacer   **fc** 16   **fp** 03   **ft** 19   **df** 13   **df%** C433 **rn** CV08
acepciones
CP Empezar a vivir.
contextos
habla culta: "Y no es cierto: mi hija tiene ese interés, porque *nació* con
    ese interés."
habla popular: "Ahí vivíamos. Ahí *nació* uno de mis niños."
Sí / No Perceptible SP   **campo referencial** HCRP

necesitar   **fc** 43   **fp** 22   **ft** 65   **df** 21   **df%** C095   **rn** CV23
acepciones
CP Requerir algo de alguien.
contextos
habla culta: "Porque dentro de la milicia se ve que *necesitan* abogados."
habla popular: "Eres medio parco para hablar. Te *necesito* sacar las palabras con tirabuzón."
Sí / No Perceptible NP   **campo referencial** SRIN

oír   **fc** 61   **fp** 31   **ft** 92   **df** 30   **df%** C096   **rn** CV22
acepciones
CP (vocativo) Demandar atención.
contextos
habla culta: "*Oye*, Nena, ¿sabes lo que pasó?"
habla popular: "¡Pero él toma primero la conversación, *oiga*!"
Sí / No Perceptible SP   **campo referencial** SRIN HCRP

poder   **fc** 289   **fp** 140   **ft** 429   **df** 149   **df%** C106   **rn** CV18
acepciones
CP Tener capacidad para hacer, lograr algo.
contextos
habla culta: "Es lo que hace falta para *poder* llevar una maestría o un doctorado."
habla popular: "Este… «hablanos» [hablamos] unos a los otros para que todos nos *podamos* comprender."
Sí / No Perceptible NP   **campo referencial** HAPV

preparar   **fc** 29   **fp** 05   **ft** 34   **df** 24   **df%** C480   **rn** CV06
acepciones
CP Instruir.
contextos
habla culta: "El ejército debe de buscar, fomentar y *preparar* [a] los profesionistas que él necesita."

habla popular: "Y más «par'» [para] esos estudios ya elevados, ella «s'» [se] tiene que *preparar* mejor."

Sí / No Perceptible NP   **campo referencial** SCED

regalar   **fc** 17   **fp** 05   **ft** 22   **df** 12   **df%** C240   **rn** CV11
acepciones
CP Obsequiar.
contextos
habla culta: "Le *regalamos* unas… este… turquesas y se las *regalamos* muy graciosamente."
habla popular: "Ya ve usted que andan «orita» con criaturas, y tenemos que *regalar* hasta el gatito: tenemos que *regalarlo*."

Sí / No Perceptible NP   **campo referencial** SRIN

sentir   **fc** 42   **fp** 24   **ft** 66   **df** 18   **df%** C075   **rn** CV25
acepciones
C Suponer, imaginar; P tener una sensación o impresión.
contextos
habla culta: "El comercio en esa época lo *sentía* yo como una cosa sin importancia."
habla popular: "Cuando yo *sintiera* que se *sentía* tristecito, o algo así, le daba media aspirina."

Sí / No Perceptible NP   **campo referencial** HAPV

servir   **fc** 15   **fp** 03   **ft** 18   **df** 12   **df%** C400   **rn** CV10
acepciones
CP Ser útil.
contextos
habla culta: "[Son] materias básicas que le *sirven* tanto al personal civil como al militar."
habla popular: "Y lo bueno es del coche, que… «pus» [pues]… *sirve* muchas veces de mucho."

Sí / No Perceptible NP   **campo referencial** SRIN

tratar   **fc** 26   **fp** 16   **ft** 42   **df** 10   **df%** C062   **rn** CV27
acepciones
CP Intentar, procurar.
contextos
habla culta: "Pero, sí, *tratarlos* de ayudar lo más posible en las dos cosas ¿no?"
habla popular: "*Traté* de localizarte a ti y a él, y hasta que logré…"
Sí / No Perceptible NP   **campo referencial** SRIN

valer   **fc** 16   **fp** 03   **ft** 19   **df** 13   **df%** C433   **rn** CV08
acepciones
CP Tener un valor, un costo.
contextos
habla culta: "Pero él creía que *valían* cinco pesos. Porque tú también le contaste que no *valían* nada."
habla popular: "Si trae cien manzanas una caja, y le *vale* a «usté» ciento ochenta «pes's», sale la manzana, desde allá, a dos."
Sí / No Perceptible NP   **campo referencial** SOSR LMNT

Anexo 3
Habla popular: sustantivos

agua   **fc** 09   **fp** 25   **ft** 34   **df** 16   **df%** P117   **rn** PS20
acepciones
PC Líquido incoloro, inodoro e insípido.
contextos
habla culta: "En la noche, bajaban a tomar *agua* de un río."
habla popular: "Hay veces que lo bañamos con *agua* fría."
Sí / No Perceptible SP   **campo referencial** LMNT

animal   **fc** 06   **fp** 10   **ft** 16   **df** 04   **df%** P066   **rn** PS28
acepciones
PC Bestia, ser irracional.

contextos

habla culta: "Así que monto [al caballo] hasta que me lleva a casa, ¡fíjese si es listo el *animal*! "

habla popular: "Es que «to» estos *animales* tienen los colmillos muy filudos."

Sí / No Perceptible SP   **campo referencial** LMNT

camión   **fc** 04   **fp** 29   **ft** 33   **df** 25   **df%** P625   **rn** PS07

acepciones

PC Vehículo de pasajeros.

contextos

habla culta: "[Iba] agarrado el pobre hombre ahí, de un tubo del *camión* sufriendo la… pisotones."

habla popular: "Como se vienen colgados las gentes, a mí me ha tocado que no me he podido subir al *camión*."

Sí / No Perceptible SP   **campo referencial** SOSR LART

campeonato **fc** 00   **fp** 18   **ft** 18   **df** 18   **df%** P100+   **rn** PS24

acepciones

P En los deportes, ciclo o temporada.

contextos

habla popular: "Casi nada más perdió un partido en todo el *campeonato*."

Sí / No Perceptible NP   **campo referencial** SESP

campo   **fc** 06   **fp** 14   **ft** 20   **df** 08   **df%** P133   **rn** PS19

acepciones

P Lugar donde se practica un deporte como el futbol; C Zona, espacio no urbano.

contextos

habla culta: "Expuso su vida en los *campos* de batalla."

habla popular: "Son… este… *campos* prestados por los equipos integrantes de la liga [de futbol]. Esos… «ps» [pues] son prestados nada

más, ¿no? La liga… tendrá un *campo* nada más."
Sí / No Perceptible SP   **campo referencial** SESP ELAR

canción   **fc** 01   **fp** 38   **ft** 39   **df** 37   **df%** P3700   **rn** PS01
acepciones
PC Composición musical que se canta.
contextos
habla culta: "Tengo muchas cosas: *cancioncitas*, juegos digitales; las
   bases, sobre todo, de cómo educar a un niño."
habla popular: "¿Cómo te salió la inspiración de la *canción* que nosotros te vamos a grabar?"
Sí / No Perceptible SP   **campo referencial** SESP

carro   **fc** 02   **fp** 17   **ft** 19   **df** 15   **df%** P750   **rn** PS04
acepciones
P Vehículo de carga, camión; C Automóvil.
contextos
habla culta: "¿No le pones los seguros al *carro*?"
habla popular: "Vende la piedra por viajes […] Sí. O sea, cada viaje
   de… de *carro*."
Sí / No Perceptible SP   **campo referencial** SOSR LART

chamaco   **fc** 03   **fp** 25   **ft** 28   **df** 22   **df%** P733   **rn** PS05
acepciones
PC Muchacho.
contextos
habla culta: "Lo vamos a tener que hacer, ahora también por los *chamacos.*"
habla popular: "En realidad, bastante hacía el *chamaco* con saber leer
   y escribir."
Sí / No Perceptible SP   **campo referencial** HMNO

chiquillo   **fc** 03   **fp** 24   **ft** 27   **df** 21   **df%** P700   **rn** PS06

acepciones

PC Niño.

contextos

habla culta: "La escuela de los *chiquillos* está aquí a dos cuadras."

habla popular: "Era un *chiquillo* muy «pelionero», inquieto, travieso; brincaba aquí, brincaba allá."

Sí / No Perceptible SP   **campo referencial** HMNO

comercio   **fc** 08   **fp** 17   **ft** 25   **df** 09   **df%** P112   **rn** PS22

acepciones

P Compra venta de mercancías; C Carrera, materia de estudio.

contextos

habla culta: "Lo mismo pude haber ido a ingeniería que a *comercio*."

habla popular: "Ya desde esa época «p'» acá, pues ya mi negocio es el *comercio*."

Sí / No Perceptible NP   **campo referencial** SOSR

compañero   **fc** 07   **fp** 17   **ft** 24   **df** 10   **df%** P142   **rn** PS18

acepciones

PC Camarada, amigo.

contextos

habla culta: "& Mi jefe es muy simpático, mis *compañeros* de trabajo me adoran."

habla popular: "Yo no puedo pensar lo que usted está pensando, ni voy a pensar lo que acá, el *compañero*, está pensando."

Sí / No Perceptible SP   **campo referencial** SRIN

culpa   **fc** 06   **fp** 12   **ft** 18   **df** 06   **df%** P100   **rn** PS24

acepciones

PC Falta, delito.@ aquí voy en revisión de blancos al final.

contextos

habla culta: "Yo no le echo la *culpa* a nadie de lo que hago."

habla popular: "Porque hay veces que, cuando el hombre no tiene la *culpa*, la tiene la mujer."

Sí / No Perceptible NP   **campo referencial** HAPV

domingo   **fc** 07   **fp** 24   **ft** 31   **df** 17   **df%** P242   **rn** PS13
acepciones
PC Día de la semana.
contextos
habla culta: "No es de los que va a misa todos los *domingos*."
habla popular: "Yo, el *domingo*, es el día que compro. Y yo veo que siempre hay más gente."
Sí / No Perceptible NP   **campo referencial** TRTM

equipo   **fc** 07   **fp** 23   **ft** 30   **df** 16   **df%** P228   **rn** PS14
acepciones
PC Grupo de jugadores.
contextos
habla culta: "Estaba yo en el *equipo*, y llegaba a los partidos a jugar inmediatamente."
habla popular: "Terminamos empatados en tercer lugar con otro *equipo*."
Sí / No Perceptible SP   **campo referencial** SESP

grupo   **fc** 05   **fp** 13   **ft** 18   **df** 08   **df%** P160   **rn** PS16
acepciones
PC Conjunto de personas o cosas.
contextos
habla culta: "No pueden alternar con el *grupo* de solteras que alternaban antes."
habla popular: "«Pus» es como compañeros de *grupo* que «semos» [somos]."
Sí / No Perceptible SP   **campo referencial** SRIN

gruta	**fc** 05	**fp** 20	**ft** 25	**df** 15	**df%** P300	**rn** PS12

acepciones

PC Cavidad natural que se visita.

contextos

habla culta: "Entonces, está la *gruta* y junto hicieron una capilla."

habla popular: "Voy con mis papás [… a] ellos les gusta ir a ver cosas así, raras, digamos. Porque, pues… las *grutas* este… pues son así, cosas que… que digo se siente cierta sensación al entrar ahí."

Sí / No Perceptible SP			**campo referencial** SESP ELNT

kilo	**fc** 01	**fp** 32	**ft** 33	**df** 31	**df%** P3100	**rn** PS02

acepciones

PC Medida de peso equivalente a 1000 gramos.

contextos

habla culta: "No valen nada; si las compro por *kilo*."

habla popular: "Precisamente en la televisión pusieron «qu'» el ajo estaba a dos pesos el *kilo*."

Sí / No Perceptible SP			**campo referencial** SOSR

kilómetro	**fc** 03	**fp** 13	**ft** 16	**df** 10	**df%** P333	**rn** PS09

acepciones

PC Medida de distancia equivalente a 1000 metros.

contextos

habla culta: "Mi suegro, por ejemplo, ahorita corre tres *kilómetros* y medio."

habla popular: "Son dos *kilómetros* que tiene uno que caminar."

Sí / No Perceptible SP			**campo referencial** ELAN

maestro	**fc** 03	**fp** 34	**ft** 37	**df** 31	**df%** P1033	**rn** PS03

acepciones

PC Profesor.

contextos

habla culta: "Al *maestro* uno le dice: «Mire: esto así se hace.»"

habla popular: "Si hay un *maestro* y eso que les «esplique» [explique] y eso, ¡qué mejor!"

Sí / No Perceptible SP   **campo referencial** SCED SOSR

mercado   **fc** 00   **fp** 36   **ft** 36   **df** 36   **df%** P100+   **rn** PS24

acepciones

P Lugar donde se compra y se vende.

contextos

habla popular: "Desde que nos metimos al *mercado*, duramos «sieti» años para componernos, para nivelar la venta."

Sí / No Perceptible SP   **campo referencial** SOSR ELAR

miedo   **fc** 07   **fp** 15   **ft** 22   **df** 08   **df%** P114   **rn** PS21

acepciones

PC Temor.

contextos

habla culta: "Yo no sé manejar. Quiero aprender pero, por un lado, me da un poco de *miedo*."

habla popular: "Y ahí me daba reteharto *miedo*. Estaba bien oscuro."

Sí / No Perceptible NP   **campo referencial** HAPV

noche   **fc** 12   **fp** 19   **ft** 31   **df** 07   **df%** P058   **rn** PS30

acepciones

PC Parte del día en la que no hay luz del sol.

contextos

habla culta: "Cuando llego, me baño, descanso toda la *noche*."

habla popular: "Estoy aquí lavando hasta las ocho de la *noche*"

Sí / No Perceptible SP   **campo referencial** TRTM

novio   **fc** 09   **fp** 22   **ft** 31   **df** 13   **df%** P144   **rn** PS17

acepciones

PC Pretendiente.

contextos

habla culta: "Yo también tengo unas [cartas] guardadas […] Y haz de cuenta: como cartas de *novio*; como se usaban antes las cartas de los *novios*. Así, así tengo."

habla popular: "Ya empecé a trabajar, ya de… ya grande. «Tons» [entonces] tuve un *novio*. Lo quería mucho; «m'» entusiasmé mucho con él."

Sí / No Perceptible SP   **campo referencial** SRIN

ojo   **fc** 07   **fp** 13   **ft** 20   **df** 06   **df%** P085   **rn** PS27
acepciones
PC Organo de la vista.

contextos

habla culta: "Las películas de terror, bueno, yo no las soporto. Me paso toda la película tapada de los *ojos*."

habla popular: "Mi suegra… él… mi cuñada son de *ojos* verdes. Pero de mis hijos, nadie."

Sí / No Perceptible SP   **campo referencial** HCRP

perro   **fc** 04   **fp** 12   **ft** 16   **df** 08   **df%** P200   **rn** PS15
acepciones
PC Can, animal doméstico.

contextos

habla culta: "Cuántas personas solteras, ese amor, ¿a quién se lo dedican? A un gato, a un *perro*."

habla popular: "Pero que dicen «qu'» el [que el] *perro* [que estaba en la cueva] salió a la superficie, y que ladraba."

Sí / No Perceptible SP   **campo referencial** LMNT

peso   **fc** 19   **fp** 79   **ft** 98   **df** 60   **df%** P315   **rn** PS11
acepciones
PC Unidad monetaria.

contextos

habla culta: "Le regalé un *peso* y […] luego luego nos hicimos de conversación."

habla popular: "Dábamos hasta «veint'» cinco nopales por un *peso*."
Sí / No Perceptible SP   **campo referencial** SOSR LART

piedra   **fc** 09   **fp** 15   **ft** 24   **df** 06   **df%** P066   **rn** PS28
acepciones
PC Porción de roca.
contextos
habla culta: "La entrada de la iglesia […] está reducido [sic] en tal forma
     la entrada con *piedras*, que sólo puede entrar una persona de frente"
habla popular: "La forma que tiene la *piedra*, que se ha ido formando
     con las gotas de agua que se filtra a través de las rocas."
Sí / No Perceptible SP   **campo referencial** LMNT

prueba   **fc** 08   **fp** 17   **ft** 25   **df** 09   **df%** P112   **rn** PS22
acepciones
PC Comprobación, examen.
contextos
habla culta: "Pero cuando usted ya llegue al límite que significa la no
     tolerancia más, entonces venga a verme y tráigame estas *pruebas*."
habla popular: "Si gustas, vámonos poniendo a *prueba*."
Sí / No Perceptible NP   **campo referencial** SCED

pueblo   **fc** 05   **fp** 21   **ft** 26   **df** 16   **df%** P320   **rn** PS10
acepciones
PC Lugar con pocas casas, ciudad pequeña.
contextos
habla culta: "Para progresar un *pueblo* […] deben de trabajar todos."
habla popular: "Ese *pueblo* «stá» [está] bastante retirado."
Sí / No Perceptible SP   **campo referencial** ELAN

semana   **fc** 04   **fp** 25   **ft** 29   **df** 21   **df%** P525   **rn** PS08
acepciones
PC Período de siete días.

contextos

habla culta: "Yo voy una vez a la *semana*."

habla popular: "Lunes, martes… se siguió la *semana*."

Sí / No Perceptible NP   **campo referencial** TRTM

Anexo 4
Habla popular: verbos

abrir   **fc** 06   **fp** 19   **ft** 25   **df** 13   **df%** P216   **rn** PV11

acepciones

PC Hacer que algo no esté cerrado.

contextos

habla culta: "Él *abrió* la puerta, cuando los fuimos a ver."

habla popular: "[El negocio] se *abre* a las nueve [de la mañana] y se cierra a las ocho y media [de la noche]."

Sí / No Perceptible SP   **campo referencial** LMNT

agarrar   **fc** 08   **fp** 39   **ft** 47   **df** 31   **df%** P387   **rn** PV07

acepciones

PC Tomar, asir algo.

contextos

habla culta: "Si me tomaba la mano, todos se paraban de puntas. ¿Por qué le *agarraba* la mano?"

habla popular: "Mejor, mejor *agarro* un carro de rueditas, y voy a juntar papel."

Sí / No Perceptible SP   **campo referencial** LMNT

andar   **fc** 13   **fp** 81   **ft** 94   **df** 68   **df%** P523   **rn** PV04

acepciones

PC (en perífrasis) hacer algo habitualmente.

contextos

habla culta: "No tengo por qué *andarle* rogando."

habla popular: "Los que *andan* dando boletos aquí, *andan* engañando a la gente."

Sí / No Perceptible NP   **campo referencial** SOSR

ayudar   **fc** 11   **fp** 22   **ft** 33   **df** 11   **df%** P100   **rn** PV19
acepciones
PC auxiliar, dar ayuda.
contextos
habla culta: "Él era un hombre muy liberal, inclusive él me *ayudó* a que yo revalidara mi Secundaria."

habla popular: "Entonces, como dice la maestra, hay que *ayudarnos* uno y otro, ¿no?"

Sí / No Perceptible NP   **campo referencial** SRIN

bajar   **fc** 06   **fp** 34   **ft** 40   **df** 28   **df%** P466   **rn** PV05
acepciones
PC Ir a un lugar más bajo, descender.
contextos
habla culta: "En la noche, *bajaban* a tomar agua de un río, que pasaba por Jerusalén."

habla popular: "Nada más *baja* usted los domingos a… a la plaza, y ya."

Sí / No Perceptible SP   **campo referencial** HCRP

buscar   **fc** 15   **fp** 25   **ft** 40   **df** 10   **df%** P066   **rn** PV24
acepciones
PC Hacer algo para encontrar algo o a alguien.
contextos
habla culta: "Lo que tienes que *buscar* es que la mujer, mientras es soltera, mientras es independiente, puede desarrollarse en cualquier medio."

habla popular: "La niña siempre es más… más sensible: *busca* el modo de no […] de no herir [a la gente]."

Sí / No Perceptible NP   **campo referencial** SRIN

comer   **fc** 17   **fp** 47   **ft** 64   **df** 30   **df%** P176   **rn** PV12
acepciones
PC Ingerir alimentos.
contextos
habla culta: "Ahorita ya duerme en el Centro Olímpico, y *come* y desayuna allá."
habla popular: "También te imaginas cuánta porquería no han de *comer* en la calle."
Sí / No Perceptible SP   **campo referencial** HCRP LMNT

comprar   **fc** 27   **fp** 63   **ft** 90   **df** 36   **df%** P133   **rn** PV15
acepciones
PC Adquirir.
contextos
habla culta: "Esas transparencias las *compré* en el museo del Cairo, en Luxor y, en Carnak."
habla popular: "Ya al final de campeonato se *compran* los trofeos."
Sí / No Perceptible SP   **campo referencial** SOSR

explicar   **fc** 08   **fp** 20   **ft** 28   **df** 12   **df%** P150   **rn** PV13
acepciones
PC Dar explicación, hacer entender.
contextos
habla culta: "De haber ciertas cosas que, si el niño no las entiende, no tiene uno por qué *explicárselas*."
habla popular: "Pues si hay un maestro y eso, que les «*esplique*» [explique] y eso, ¡«pos» qué mejor!"
Sí / No Perceptible NP   **campo referencial** SCED

explorar   **fc** 00   **fp** 17   **ft** 17   **df** 17   **df%** P100+   **rn** PV19
acepciones
P Indagar, sobre todo en lugares naturales.
contextos

habla popular: "No sé de qué país o sea, que no era de aquí, que andaba «*esplorando*» [explorando] ahí las grutas con un perro."
Sí / No Perceptible SP   **campo referencial** SESP

formar **fc** 05 **fp** 16 **ft** 21 **df** 11 **df%** P220 **rn** PV10
acepciones
PC Dar forma, hacer.
contextos
habla culta: "Entonces, se [sic] tiende a *formarse* ahí reumatismos y
esas cosas."
habla popular: "Se *forma* un lodo, un lodo muy peligroso «par'» uno."
Sí / No Perceptible SP   **campo referencial** LMNT

levantarse **fc** 02 **fp** 18 **ft** 20 **df** 16 **df%** P800 **rn** PV03
acepciones
P *Levantarse* Despertarse; C Alzar, subir.
contextos
habla culta: "Para que un juez te grite y te *levante* la mano, se necesita
que sea […] una cosa inusitada."
habla popular: "Se acuesta uno algo nochecito, pero ya está uno acos-
tumbrado a *levantarse* temprano."
Sí / No Perceptible SP   **campo referencial** HCRP

pagar **fc** 08 **fp** 35 **ft** 43 **df** 27 **df%** P337 **rn** PV09
acepciones
PC Hacer un pago, saldar una deuda.
contextos
habla culta: "*Pagamos* ciento cinco cada uno, entre los dos."
habla popular: "Ahí nos *pagan* la mitad de lo que cuesta el carro."
Sí / No Perceptible SP   **campo referencial** SOSR

partir **fc** 02 **fp** 19 **ft** 21 **df** 17 **df%** P850 **rn** PV02
acepciones
P Cortar algo en partes; C Iniciar, basarse.

contextos

habla culta: "Si estás *partiendo* de un principio cristiano, no puedes aceptar una situación así."

habla popular: "Nomás deberías de ir a *partir* las piedras que yo *parto*."

Sí / No Perceptible SP   **campo referencial** SOSR LMNT

platicar   **fc** 16   **fp** 39   **ft** 55   **df** 23   **df%** P143   **rn** PV14

acepciones

PC charlar, conversar.

contextos

habla culta: "Desde luego yo me muero de la aburrición si *platico* con un taxista una hora. ¿Qué le platico? ¿Qué le cuento?"

habla popular: "Tenemos que *platicarnos* uno y otro, ¿no?, contarnos de nuestras cosas que hacemos."

Sí / No Perceptible NP   **campo referencial** SRIN

preguntar   **fc** 08   **fp** 17   **ft** 25   **df** 11   **df%** P112   **rn** PV17

acepciones

PC Interrogar, hacer preguntas.

contextos

habla culta: "Solamente cuando *preguntan* por él o que le tengo que pasar algún recado, le hablo."

habla popular: "Ella me va a *preguntar* por qué no me gusta el cine… A ver, *pregúnteme*."

Sí / No Perceptible NP   **campo referencial** SRIN

quitar   **fc** 10   **fp** 19   **ft** 29   **df** 09   **df%** P090   **rn** PV21

acepciones

PC Tomar algo, apartarlo, separarlo.

contextos

habla culta: "Lo habían robado al llegar a la aduana, que porque le habían *quitado*, setenta y cinco pesos."

habla popular: "Van a *quitarnos* de aquí."
Sí / No Perceptible SP   **campo referencial** SRIN LMNT

sacar   **fc** 22   **fp** 40   **ft** 62   **df** 18   **df%** P081   **rn** PV22
acepciones
PC Obtener, conseguir algo de alguien.
contextos
habla culta: "Noventa por ciento está podrido, de que no ve más que la
     forma de *sacar* dinero con… haciendo negocios."
habla popular: "Porque «ora», hay «ves's» [veces] que no… no *saca*
     uno ni «pa» [para] las tortillas, que están tan caras."
Sí / No Perceptible NP   **campo referencial** SOSR SRIN

terminar   **fc** 10   **fp** 21   **ft** 31   **df** 11   **df%** P110   **rn** PV18
acepciones
PC Finalizar, concluir algo, sobre todo en relación con los estudios.
contextos
habla culta: "No, más bien me faltó dos meses para *terminar* la carrera."
habla popular: "Tengo hermanos. Algunos estudiaron, pero no *termi-
     naron* su primaria, porque fueron de mala cabeza."
Sí / No Perceptible NP   **campo referencial** SCED

tirar   **fc** 04   **fp** 19   **ft** 23   **df** 15   **df%** P375   **rn** PV08
acepciones
PC Arrojar algo.
contextos
habla culta: "Esto es una lluvia que viene de una bomba que *han tirado*
     los americanos."
habla popular: "Tenemos nuestros líos con las señoras que *tiran* la ba-
     sura en la calle."
Sí / No Perceptible SP   **campo referencial** LMNT

tocar   **fc** 07   **fp** 39   **ft** 46   **df** 32   **df%** P457   **rn** PV06
acepciones

PC Producir música mediante un instrumento.

contextos

habla culta: "Las enseñaban que a bordar, que a *tocar* piano y cositas por el estilo."

habla popular: "Te oigo a ti *tocar* la guitarra tan bien, que hasta hasta me da envidia."

Sí / No Perceptible SP   **campo referencial** SESP

vender   **fc** 06   **fp** 84   **ft** 90   **df** 78   **df%** P1300   **rn** PV01

acepciones

PC Hacer ventas.

contextos

habla culta: "Pinta para *vender* su cuadro en cien o doscientos dólares."

habla popular: "Por ejemplo, el carro… el carro lo *venden* en… en treinta pesos, [y] a ellos les dan quince."

Sí / No Perceptible SP   **campo referencial** SOSR

venir   **fc** 65   **fp** 139   **ft** 204   **df** 74   **df%** P113   **rn** PV16

acepciones

PC Acercarse a un sitio.

contextos

habla culta: "Inclusive dijo que deseaba *venir* a México, pero que era difícil."

habla popular: "Pero… ahora que *venga* tu padre me la pagan."

Sí / No Perceptible SP   **campo referencial** HCRP

ver   **fc** 96   **fp** 165   **ft** 261   **df** 69   **df%** P071   **rn** PV23

acepciones

PC Mirar sin mucha atención.

contextos

habla culta: "La tiene que *ver* con sus ojos, ¿verdad?"

habla popular: "Les gusta ir a *ver* cosas así, raras, digamos."

Sí / No Perceptible SP   **campo referencial** HCRP LMNT

Este facsimilar de
Estudios de semántica social
es propiedad de El Colegio de México
y se terminó de imprimir en Librántida bajo
el modelo de distribución bajo demanda.
www.librantida.com

Made in the USA
Monee, IL
07 July 2026